野火集

Yehuoji

二十年纪念版

龙应台◎著

文滙出版社

新的「野火」，从哪里开始？

我们的上一代，受战乱和贫穷之苦，期望我们这一代温饱安定。
我们这一代温饱安定了，但是受威权统治之苦，
期望下一代在没有恐惧、没有控制的自由环境中成长。

今天20岁的人，当年才出生，
也真的就在我们所努力、所祈求的环境中长大了，
今天和我们站在一样的高度上，眼睛与我们平视。
我好奇，当年的「幼稚园大学」，现在是什么？

目 录

在“一九八四”以后

野火二十年

天真女侠龙应台

——走过野火时代

“中国时报”副总编辑　杨泽

一九八四年，小红帽闯入野狼昏昏欲睡的森林

20 年前写《野火集》的那人，并不是野狼，而是小红帽。

20 年前的冬天，《野火集》出版，在台湾畅销大卖，21 天内再版 24 次，盛况空前，读者反应热烈，遍及各阶层，尤其对学运世代前后的五年级有深刻影响，据说后来俨然成了人手一本的学运指南或社运手册，几乎每个家庭都可以找到那么一本，反正不是兄姐，就是弟妹中的某个人买回来的，普及程度尤如当年许多家庭必备的“培梅食谱”。

过完年的春天，龙应台跑来纽约，一心想赴联合国总部“朝圣”，会会那些她心仪已久的保钓健将——刘大任、郭松棻等人，由当时任人间副刊海外联络人的我充当地陪。我已经记不得当时大家都聊了什么，独独对龙一面之缘的印象，十分鲜活。记得这个身躯瘦弱的龙应台，苍苍白白，忧忧郁郁的，一副纯真无邪模样的文艺少女，却满满的忧国忧民情怀，相较于那几位，几乎也是整整 20 年之前，在“中央日报”头版被冠

上“匪”字号的左派大哥们，她时而沉思，时而怔忡的神情，似乎不清楚、或者根本不知道自己做了什么，像个闯了大祸的小女生那般。

那是解严前两年，龙应台刚刚30出头。战后台湾社会，累积多年对体制不满的能量，暗潮汹涌的批判声浪，随着龙应台引燃的这把野火，迅速窜烧，这样的一把野火，这样一个铿锵有力的声音，质疑叩问，那扇外强中干的旧体制大门，便这样应声倒下。只是，与其说龙应台英勇，或者，如杨照后来形容她“憨胆”，倒不如说“天将降大任于斯人也”，历史硬生生的把那把火炬，那把屠龙刀，塞到她手中（英文的说法，Some have greatness thrust upon them），她也就上了台，贴切地演出屠龙勇士的脚色。她其实更像是小红帽，意外地闯入野狼昏昏欲睡的森林。

龙应台是吃了强身、多吃无害的“正气散”

龙应台的野火照亮了什么？哲学家康德说，启蒙是走出不成熟的状态，勇于求知。《野火集》，无庸置疑，正是这样一本，为解严作准备，引领整个社会进入全民民主时代的启蒙书。这本书照亮我们的不成熟、尚待启蒙的状态，更重要的是，掀起战后台湾新一波的“启蒙运动”。然而，我们不禁要问，为什么是龙应台？为什么是《野火集》？相较于上一波，从鲁迅到赖和，李敖到柏杨的旧启蒙，这一波又有何不同，可以产生如此强大的效果，如此深广的回响和共鸣？

今天回头看来，不论是鲁迅的野草风、匕首风杂文，或者李敖的“传统下的独白”，都不脱传统文人作风。这些早期的启蒙英雄，我们可以权且称之为“刺客型”文化批评家，他们对中国历史有种根深柢固，近乎非理性的迷执；由于对封建体制，所谓“吃人的礼教”，存着“必欲毁之而后快”的怨怼心态，他们是复仇的人，踩踏着哈姆雷特式的独白步伐，到头来，空留复仇不成的凄凉和孤独形象，以悲剧收场。敢冒各种反传统、反群众的大不韪小不韪，他们更是“放屁的人”，穷酸恶臭，如一士之谔谔般大鸣大放，最终，却只让他们成了自吹自擂，乏人搭理的忧郁白衣小丑（Pierrot）。历史的冷酷，群众的无情，可见一斑。

如果说，前人的悲剧（坐牢，书被禁）是“刺客型”文化批评家的宿命，龙应台乃是一则历史的童话或牧歌。龙应台她其实一点也不野，《野火集》的野乃是“礼失求诸野”。作为一个喝过洋墨水的自由派作家，龙应台不可能像传统文人那样唱高调，筑起一道与世隔绝的高墙。贫困的出身，加上以劳动阶级为主的生长环境，让她更像是野地的稗子，具有十分务实的性格，立论处处充满“卑之无甚高论”的合理性与现实感。相较于前人自我放逐，反体制的游击战略，龙应台一开始就站在历史的亮处，置身群众中间摇旗呐喊，很自然地融入代表全民心声的合唱曲中。如果，前人擅长以毒攻毒，如化脓剂般，奋力将痈疽赶尽杀绝，龙应台则是一帖正直中和的正气散，吃了强身，多吃也无害。

虽然立意烧掉旧框架，龙应台对体制的态度乃是温和的、改良派的。在当年广受瞩目的“中国人你为什么不生气”、“大学生你为什么不闹事”系列文章里，她的笔调，一点也不辛辣刻薄，反而娓娓道来，轻易地在理性和感性之间取得平衡，展现一股沛然莫之能御的说服力与来自民间的浩然正气。龙应台是一个新时代的文化批评家，但，她也自期、自许是一个具有高度伦理反省力的自由人与现代公民，在她的字典里，公与私，男与女，上一代与下一代，情与理，传统与现代，文言与白话，并不是截然二分的。她不怕有人说体制坏话、说传统坏话，只怕大家不说话；她不怕自己或别人到处煽风点火，就怕“只许州官放火，不许百姓点灯”。

野火于今看来正是当年的一个部落格

《野火集》现象说明了，小不是重点，以小可以搏大，小红帽可以棒打大野狼，小市民可以力挑大特权。不少人今天批评龙应台是大论述(sic，其实是“大叙述”)，回到当年，龙不过是，挪用今天的网络词汇，一个小小的“个人新闻台”，一个无权无势的部落格，因为敢怒敢言、敢骂敢冲，不但有了人间副刊的平台，而且马上红遍台湾。

仔细思索起来，我们仍感不解，忍不住要再问一遍：一名默默无闻的归台学人，一位与主流文坛无涉的新人，一个看似无所挂搭的孤立个体，何以能撼动广大群众？历史的偶然如何变成必然？这位在赤贫的高雄茄萣乡生长，在纯朴的成大校园做梦，充满理想主义情怀的文艺少女，何以能拥有宛如少女漫画般的“变身”魔力，在一瞬间蕴生巨大能量，把众人连结在一起？正气散、运气散云云，又如何变成众人借助练功的丹药？

毫无疑问，龙应台的成功，时代的风云际会，乃是建立在战后中产阶级的成熟，以及，相对应的，此一阶级的渴望在台湾社会当家做主。然而，真正将她和众人的生活串连起来的，不如说是，龙应台的草根性格，激发了当年大小市民的公民意识，也就是说，正气散的药效即在于，催化台湾人潜在的公民精神，让家国情怀、乡土情怀以及个体价值和尊严，紧密扣合在一起。

龙应台的《野火集》，借用现代广告商的词汇，因此是属于众人的。龙应台一直就是个“说故事的人”，她的文章夹叙夹议，饶富传统的说理训示，却从不见艰涩聱牙的论述援引，有的只是一篇篇，掺杂作者与周遭众人生活经验的故事。透过这种说故事的方式，龙应台将她在欧美社会生活过的公民经验，拿来和台湾市井小民的本土经验作沟通，为民间社会和西方公民社会搭起了一座桥，把那些当年台湾社会亟需的、崭新的理念价值和形式，通过她的故事、人物，传达出来。

龙氏正气散的成功乃是一个奇妙的启示：批判体制就一定得反传统吗？乡土情怀、家国情怀之外，如就文体看来，龙应台的言说策略，其实和传统民间艺人的叙述技艺相仿，像是行走江湖，落地说唱的说书人，或者，早年扭开 AM 频道，一边讲古一边卖药的广播主持人；只是，新式说书人龙应台，说的是现代警世寓言，卖的是正气运功散。

盗火的玉娇龙

这 20 年下来，龙应台可以算是中文世界一个不大不小的文化奇观，她所搭建的思想桥梁，让菁英与大众、民间社会与文人传统、东方与西方、古典与现代，有史以来，从未这么大规模地串连在一起。纯真如她、天真如她，宛如一名行侠仗义的女侠，在华人世界到处路见不平，“放火”相助。就这样，一路从上海、新加坡到香港、广州，侠女龙应台算得上是某种程度的玉娇龙，虽然不谙武功，无法轻身一纵、飞天走地，或者刀光剑影，杀得敌人落花流水，但同为女人，她们的天真，教人无从防备，放火绝招一出，往往出其不意，让人措手不及。

进一步探究，我们发现，其实台湾就是龙大侠的练功房，她扎马步的场地，她在这里开创了一个可径称之为“野火时代”的东西。

龙女侠放火的绝招究竟出自哪一本秘册宝典？希腊神话中，普罗米修斯盗火给人类，进而推动人类文明的发展，从这角度看来，龙应台的“野火”，大抵是承继盗火者的启蒙角色，将她在西方世界盗来的火种，带回家乡。五四以来，这些前前后后到外地游学的人，像龙应台一样真正航过海在外闯荡，然后回到本土，关注自己的使命，企图将第一手西方生活经验的视野，和本地传统做沟通的“水手型”作家学者，大有人在；难得的是龙女侠洞烛机先，匠心独运，在她的创意研发之下，源自异域“以夷变华”的野火与本乡本土“礼失求诸野”的野火居然能汇成一炉，照亮了华文世界的废墟。可惜的是，他们的队伍当中也混入了不少或许可以称之为“海盗型”的文化买办，这些人关注的是别人有什么财宝、有什么秘笈，可以现买现卖，因此常搬来许多炫人耳目的理论，实际上却对西方文化缺乏内在的理解，更根本的还是，他们丧失了自己的记忆与经验，也就不可能真正认识西方。但，这也许是长期以来无法破除的宿命，就像过去台湾被认为是海盗的典型，如今说穿了，大家往往也还只是在做仿冒代工的工作，拿西方世界的财富来当自己的饭碗，并无法进一步提升自己。

再度放火，《面对大海的时候》引发论战

过去，台湾所创造的经济奇迹，亚洲四小龙的耀眼地位，一度让我们感到相当自满，我们因此可以自豪地说，龙应台是台湾文化输出的骄傲。然而，曾几何时，跨越千禧年，进入21世纪后的短短四五年间，台湾的“成功故事”却如梦幻泡影般迅速地褪了色。曾经，最让众人志得意满的台湾价值，现在回头看来，变成一场可疑的历史大戏；曾经，我们以为掌握最进

步的现代和后现代论述，如今纷纷宣告破产，思想像整个被掏空了一般。“野火时代”大力标榜全民民主、全民发声的年代的到来，强调大破大立，唯有人民得以透过自我与群体的“权力意志”，进行一场翻天覆地，扭转乾坤的“价值重估”，光是1987到1989年间，就发生了17个社会运动（消费者保护运动、反污染自立救济运动、生态保育运动、原住民人权运动、妇女运动、农民运动，不一而足）；然而，若以和生活息息相关的环保议题为例，每个家庭今天依然宁愿砸钱买饮水器、滤水器，也不相信当局可以协力改善饮水问题，不相信当局的公共工程，不相信当局会把纳税人的钱花在有意义的事情上。《野火集》所开创的公共空间、公共论述最后几乎悉数垮台。我们除了对公共工程失望，对充斥各种 call-in 节目的公共领域更是充满愤懑之情，蓝绿相互责来怪去，以统独、族群等简单粗暴的符码去诠释别人，整个社会宛如陷入空前的灾难，眼下只感到一片幻灭和迷失。

台湾经验的无法累积，台湾价值的失落，如果归咎起来，首先在于，我们只有蒋勋所说的“减的文化”，而没有“加的文化”，也就是说，下一个政权往往处心积虑地把上一个政权的文化连根拔起，铲除殆尽；其次，也许更重要的，过去台湾经验或“现代性”被设定的模式，我们不得不承认，让人往往看到的是一个新的扩大的名利场，深深为它所展现的浮华世界所着迷，而看不见传统、历史、文化的价值；也正因为众人在实际生活中看不见人文价值、古典价值的作用何在，以至于我们一度引以为傲的台湾经验，所谓经济奇迹，所谓民主政治，到头来都只是金钱游戏与权力斗阵的另一种形式而已。

过去创造经济奇迹的台商其实是一种干练的个人主义典型，五湖四海浪迹天涯，擅长单打独斗，虽然来自土地，却向往海洋。时至今日，当我们对大自然的破坏已累积超过24个台湾所能承载的程度，当个人主义、消费主义成为当代社会的主流，虚拟的感官体验充斥于电视、电子资讯的大海，大部分人似乎只能强调"随机应变，快速反应"的竞争守则，选择当一个只看得到"利"而见不着"义"的"独眼龙鲁宾逊"。这种"台湾制造"的鲁宾逊，徜徉在个人主义的荒岛上，凭藉着一台手提电脑和互联网，下载一堆资讯软件，陶醉于速度带来的快感，不出门就可以跟全世界打交道，使台湾变得益发像一座波浪形的海岛，一层层波浪迅速涌至，每一波都比前一波更快；速度感更强，淘洗的力量越大，也让人因为速度的追逐而抗拒更本质性、更根源的种种课题。

面对台湾经验的失落，龙应台选择在两年前重出江湖，再度在人间副刊上大规模地放火，集结而成《面对大海的时候》一书，其中尤以《在紫藤庐和Starbucks之间》与《五十年来家国》最引各方的瞩目与争议。只是这回，野火变成了战火，一波又一波批评和质疑的声浪，放火的人几乎差一点就要灼伤了自己。在龙应台开出的一系列文化药方里，关于现代公民的格局、素养和梦想，或者是相对于全球化和在地化，台湾跟世界历史接轨的国际化问题，其实都是我们所熟悉的正字标记的龙氏正气散。只是，当众人迷失于统独、南北分裂的此刻，当大家犬儒地选择不表态，或假装没有任何意识形态，在特定历史时空的这点上，龙应台明确提出她的价值观，投射出她的意识形态，天真地要大家回归中国文化，让台湾成为“中国文化的灯塔”，不禁让人有一种迂阔之感。

面对大海的堂吉诃德

“堂吉诃德和桑丘放眼四看，见到了生平未见的大海，浩浩淼淼，一望无际，比他们在拉·曼却所见的如伊台拉湖大多了。海边停着一艘艘海船，正在卸船篷。可以看到上面张挂的许多彩带和细长三角彩旗在风里抖动，蘸浮着水面。船上喇叭、号角众音齐奏，远近军乐一片悠扬。海船开动，顿时有无数骑兵应战似的从城里奔驰而来，都制服鲜明，马匹雄健，船上战士连连放炮，城上也放炮回敬。城上炮声震天，惊心动魄，海船的大炮也声声相应。大地如笑，海波欲话，天气清朗，只有炮火的烟雾偶尔浑浊了晴空；这种情形好像使人人都兴致勃发。桑丘不明白怎么海上浮动着的庞然巨物会有那么许多脚。”（杨绛译文）

在《堂吉诃德》第二部的结尾，拉·曼却的“梦幻骑士”堂吉诃德离开了西班牙的内陆荒原，来到梦寐以求的巴塞罗纳城，在那里，他和他的傻子跟班桑丘生平第一次看到海，亲眼见证大海时代的来临，心中的激动震撼自是难以言喻。也就在同年冬天，堂吉诃德几乎可以说是了无遗憾地死去。话说回来，作为一个中古世纪的破落骑士，他的驽马、长矛和生锈的盔甲、盾牌毕竟是不属于大海的，也因此，在塞万提斯笔下，堂吉诃德只能落得，为一个时代的逝去，望洋兴叹。在我看来，堂吉诃德和龙应台，一个中古西方骑士，一个现代东方侠女，两人都为拯救旧有价值而显得或陈腐或迂阔，却也都是伟大的武侠骑士理想的化身。甚至可以说，龙应台接续了堂吉诃德的精神，背负着维护古典价值的使命，在华文世界孤军奋战，踽踽独行。

期许一个有国际观的新江湖

台湾的民主政治蓝图，向来都是嘈嘈杂杂，一点也不井然有序的，台湾人的处境或困境，也往往就像是存在主义哲学家齐克果所说的，那种扬帆出航以后才被匆匆告知任务的船长和水手。也因此，假如我们能认识自己的漂流状态，掌握它的真实与不真实，就可以进一步认知，我们过去从哪里漂流而来，找到自己的位置，也就能明白，我们为什么会有龙应台所说的“文化精神分裂症”，了解我们的挫败和迷失，找出突破这些困境的方法。即使台湾社会过去尚未，最近的未来也不一定能产生一股“决定性的多数”(critical mass)，去统合出新的价值秩序，我们也可以朝“决定性的个人”和“决定性的少数”的大方向迈进。说穿了，龙应台所传承、传递的野火，其实就是一种乌托邦的想像，教导我们在现代的荒原上培养价值的火种，批判的火种，或点灯或放火，在众多的小天地和大天地、边缘和中央之间，找到一种新的文化串联的策略，就等有那么一天，小天地连结大天地，边缘再一次反攻中央，把国民党劫、民进党劫，把当下令人十分难堪的“国民进党劫”终结掉。

中国历史上本来就有一股源远流长、不容忽视的民间生命力，一个不相信官方的小传统，当被压抑的民间力量日益壮大，它往往悖离中央，寻求创造自己的水浒或桃花源。400 年台湾，从郑成功家族帝国到今天的民主法治社会，见证的就是这样一股风起云涌、蔚为大观的民间力量。在我乐观看来，今天的台湾民众已不复是昔日的市井小民，各行各业的蓬勃发展，见过风浪、见过广大世面的台湾人，早已共同创造出一种也许可以径称之为“江湖台湾”、“功夫台湾”的东西，正逐渐加速与“江湖国际”、“功夫国际”的接轨中。这样一种扩大的江湖感，这样一种国际性“江湖文化”，正是一个充满想像力与创造力的“第三空间”。只有在这样的制高点上看台湾社会，我相信我们才不至于重演“小红帽与大野狼”的加害者与被害者的游戏，掉入任何一种政治版本的本质主义陷阱中。也只有在这样的制高点上，在这样的建构式文化空间里，我们才可望从仿冒代工的“海盗台湾”，成功地转换为一个深谙东西文化的“水手台湾”、“游侠台湾”；我们才可望沟通夷狄与华夏，沟通利与义，创造出一种新的江湖文化与江湖道义。

《野火集》出版至今已有 20 个年头，20 年的漫长光阴，足以让整整的一代人凋零，让新的一代人出生、成长。进步的真理与幻象似乎永远共存，20 年见证了战后台湾最重要的一个“时代”(Epoch)，20 年又何尝不能算是一个小小的佛家所谓的“劫”。新一代的读者们哪，不管你们是酷世代、炫世代，还是破世代、孽世代，民主政治只是一种(讲究操作熟练度的)技术问题，并不牵涉价值的创造，从龙应台的部落格，到你们的部落格，也只有一种梦想的距离。如福柯所说，我们一再发现自己处于开始的位置；因为这样，我们更应当一起思索未来，以新的火焰挑战者、文化挑战者为己任，化被动为主动，大力叩问个体生命的意义，将我们共同的困境，化成一场戏剧性的自我追寻，扩张梦想的蓝图和坐标，脚踢东西文明，甚至期待有一天，将龙应台的野火放回西方去。新一代的读者啊，让我们从批判的野火中浴火重生，锻炼出一种新的文化理念与价值的炼金术——《野火集》本身正是这样一部新文化的经典——把启蒙的故事、野火的传奇，继续传述下去。

（本篇略有删节）

新的“野火”，从哪里开始？

——写给二十一世纪的大学生

龙应台

网上“维基百科”是个惊人的创举：任何人可以上网去把自己的见解和知识写成辞条定义，任何人也可以去修订前面那个家伙所下的定义，然后等待被后面的人——如果他有更准确的讯息、更精辟的见解——将你推翻。也可能后面那一位是个罕见的“大说谎家”，篡夺解释、颠覆是非，可是总有人起而反对。洛杉矶时报够大胆，将自己的社论拿出来，欢迎读者用“维基加注”的方式，对社论进行改写。

“野火”20 年了。当年充满理想，立志要改变社会的 20 岁的人，今年 40 岁，今天的你在哪里？浪漫的理想主义仍旧是生命的动力？或者，它早已被平凡生活磨损和冷却？或者，完全被怀疑和无所谓取代？

在 20 年的漫游途中，我曾经和几个人偶遇：那深入部落为原住民孩子争取权益的，那回到乌丘孤岛去为穷乡僻壤努力的，那起而行组织了全国环保运动的……台湾的文化底蕴，很大一部分是在这些人的坚持和努力中累积了厚度。但是，是不是也有很多人，疲累不堪，被打败了？被什么打败？

我们的上一代，受战乱和贫穷之苦，期望我们这一代温饱安定。我们这一代温饱安定了，但是受威权统治之苦，期望下一代在没有恐惧、没有控制的自由环境中成长。

今天20岁的人，当年才出生，也真的就在我们所努力、所祈求的环境中长大了，今天和我们站在一样的高度上，眼睛与我们平视。我好奇，当年的"幼稚园大学"，现在是什么？当年的大学生，在威权政体长期的控制和操弄下，往往遇事"泪眼汪汪"、"没有意见"、"不知道"[①]；今天，在民主政治中成长的大学生，是不是多了很多"能思考"、"能判断"、"有勇气良知"呢？[②]或者说，20年里，价值翻转到一个程度，所谓思考、判断，所谓勇气良知，都不再是一种值得追求的价值？

倒是我自已，在写过"野火"20年之后，世界看得愈多，困惑愈多，答案愈少。如果下面的文本摊开来请今天的大学生来"维基加注"，你会怎么加呢？

今天的新瓶装昨天的馊酒

比如说，我承认民主让我困惑。（是否观察过、比较过，印度的民主、俄罗斯的民主、拉丁美洲的民主，跟中国台湾的民主比起来，如何？我们是更糟呢，还是不错？）

---

① 《幼稚园大学》，野火集，圆神出版，1985年。

② 《不会"闹事"的一代》，同上。

民主以后，台北每年有跨年晚会，“市政府”广场和“总统府”广场，在一条街的两头，同时举行。但是“总统府”和“市政府”分属不同政党主政，所以是一个较劲的局面。通常“总统府”钱多，场面也比较豪华。两边请的都是偶像流行歌手，而不是交响乐团或民族音乐或地方戏曲，因为，主政者锁定吸引的“顾客”，是年轻人。

在威权时代，统治者有一套笼络年轻人的方法。当年“救国团”每个寒暑假举办青年战斗营，设计种种“育乐”活动让年轻人参加，同时将政治意识形态，像把糖置入咖啡一样，溶入歌舞升平、欢乐光明的活动里，很轻易地就赢得青年人对执政者的好感、信赖和忠诚。在对统治者的“爱戴”里，有很大一部分是真诚的。

威权被我们“打败”了，民主了。成千上万的年轻人在广场上摇晃手里的金光闪闪，在青春洋溢的歌声里，露出热切而幸福的表情。当他们情绪里的快乐和感恩激素涨到最高度时，政治人物上场了：他打扮成“超人”或“蝙蝠侠”，他穿着和年轻人一样轻松而“酷”的服装，讲着和年轻人一样俏皮的语言，做出年轻人熟悉做的手势。当他凑近麦克风大声说：“好不好——”，广场上的群众，一如他所期待的，响雷一样地欢呼响应，“好——”。（你在场吗？）

不管是灯节、圣诞节，不管是挂着什么名目的文艺季，不管是北中南城市或乡下，到处都是这样的歌舞升平、欢乐光明，而在舞台和灯光的后面，基本上是这样的操作：该不该有文艺活动，不是看文化发展的内在需要，而是看政治人物的政治需要。他需要的是高曝光率，需要的是选民的好感、信赖和忠诚。于是从预算的编列到预算的使用，从晚会的时机地点到宣传的文字调性，从图腾的挑选到节目的设计，丝丝入扣，扣住的是如何行销这个政治人物，累积选票。在太多的场合里，所谓文化，所谓艺术，其实包裹在选举的规划里，花的是公家的钱。

讲得更白一点，如果专业告诉你，最迫切需要预算的是山区小学建立图书馆，或者中学艺术教育的深化，但是这些措施只能靠默默的投资、长期的耕耘，政治人物是不会去做的；一场一场声光绚烂的晚会，一砸几千万，却可以为他塑造形象，赢得选票。钱，就往那个方向流去。再加上民意代表懒惰，人民又不假思索，大家都成了政治人物的快乐消费者。

我看不出这种公器的私用、这种权力对人的操弄，和从前的威权政治有什么本质的差别。反而，威权的统治者因为不需要选票考虑，他可能做长程投资和规划，即使不讨好；那需要靠四年一轮的选举的执政者，却往往选择牺牲长期的利益来换取眼前的权宜。而每一任执政者都以最短距离的眼前的利益为利益，社会发展永远像夜市里的流动摊贩、洼地里的违章建筑，急就章，而且品质拙劣。

（你是否思考过这种矛盾？就是说，好不容易得到了民主，但是我们所创出来的民主，是第几流的品质？没有人愿意往回走的，可是，这往前走的路你看见吗？）

在威权时代，所有的媒体都被统治者垄断，报纸上从头版到尾巴都是领袖的照片和言行，都是政府的英明作为。今天民主了，是的，声音多元了，批判的言论激烈了，奇怪的是，为什么仍然有整版整版的政府宣传？

原来，从前靠的是行政命令，媒体配合报导，政令宣传都以新闻的面貌出现。现在靠的是市场：媒体需要赚钱，政府就用纳税人的钱去买报纸版面或电视时段，于是政令宣传再度以新闻的面貌出现。这就叫“置入性行销”。民主是竞争的，但是谁执政，谁就花得起钱，购买媒体，购买知名度，购买政治资本。在野的反对者没这个优势，是活该。而在野反对者一旦得权，马上占尽资源。累积政治资本的钱，全是纳税公民的，而媒体，与他共谋。

我看不出这种公器的私用、这种权力对人的操弄，和从前的威权政治有什么本质的差别。

知识分子、新闻记者、进步的大学生，在威权时代，对政府的垄断和操纵曾经前仆后继地批判、反抗，在今天，知识分子和记者却成为政治人物的事业合伙人，进步大学生成为竞选团队。还不提财团与政权之间绵密的暧昧互利。

这些都没错，因为在民主结构里，知识分子、新闻记者、大学生，财团，都有自由的公民权利。可是，问题是，今天的新瓶装了昨天的馊酒，那么谁是新时代的反对者呢？

从威权到民主，不是从奴役到自由吗？或者认为“奴役的反面是自由”，根本就是一个错误的认知？（不要告诉我，你8

岁就知道了这个道理。)

文学、知识和语言的敌人

著名的捷克作家克里玛在10岁那一年就跟着父母住进了集中营,在死亡的阴影、恐怖的环境里成长。解放的那一天,监狱的栅栏被拆除,苏联红军和斯大林的巨幅相片在他眼前出现,对劫后幸存的他,这代表了“善的力量”,即使在同一瞬间,他看见一个德国平民被枪杀,看见一个囚犯扑向一包地上的香烟而被坦克车辗过。被幸福感所充满,他告诉自己:“我自由了。”(你又怎么理解“自由”呢?没有经过不自由的人,能不能理解自由?你认为自己自由吗?你怎么理解以萨克·柏林所说的消极和积极自由之间的差别?这个问题和你的个人生活有没有关连?抽象观念和你的具体生命,有没有关连?)

1945年,纳粹崩溃,苏联“解放”了捷克,克里玛以为是自由的来临,自由却再度变成奴役,捷克陷入苏联的集权控制。1990年,苏联解体,自由似乎像无辜的鸽子一样突然飞进窗户,他却已经不再天真。克里玛回首烟尘岁月,试图理解“自由”的含意,结论是:“很长时间后我才完全明白,常常不是善与恶之间的力量在战斗,而仅仅是两个不同的恶,在为了控制世界而互相争斗。”自由,和权力的行使有关,而权力,克里玛说:“权力是没有灵魂的。它来源于没有灵魂。它建立在没有灵魂之上并从中吸取力量。”

他好像在讲秃鹰如何依靠动物的尸体让自己强壮。自由之于权力，是否犹如尸体之于秃鹰呢？（可以吗？可以这样比喻吗？）

但是1990年代以后，腐蚀自由的“秃鹰”有一种流动的面貌，不容易辨认它的轮廓。美国作家菲力普·罗斯逼问克里玛，言词锋利：

> ……我要说的话也许会给你留下傲慢自大的印象——自由的富人在对自由的穷人告诫致富的危险。你为了某个东西奋斗了许多年，某个你需要它就像需要空气一样的东西，而我要说的是，你为之奋斗的空气也有一点败坏了……随着捷克成为一个自由、民主的消费世界，你们作家会发现自己正被一些新的敌手所困扰，说来也奇怪，令人压抑的、毫无生气的集权主义曾保护过你们免受这些敌手的伤害。尤其使人不安的将是这样一个敌手，它是文学、知识和语言的无所不能的首要敌人……这个敌手实际上使整个人类的语言都变得愚昧。我谈的是商业广告电视，它的一切都是庸俗浅薄的——不是由于一个愚蠢的国家检察官所控制……而是由于其娱乐性几乎所有人都爱看的大量陈腐乏味的电视节目。
>
> 你和你的作家同行们好容易才冲破集权主义的知识囚笼。欢迎来到“绝对娱乐世界”。你们不知道你们正在

失去什么，还是你们已经知道？①

（你在台湾的现实里是否看得见那“文学、知识和语言的无所不能的敌人”？或者，你能为这个“敌人”辩护？你拿罗斯的问题怎么办？）

读到这里，我把书阖上，暂且不看克里玛怎么对付这个问题，倒是先自问：20年前写“野火”时，我知不知道“我们在失去什么”？我知不知道，我所追求的自由，会邀来另一种敌人，一种以庸俗浅薄为时尚、以“绝对娱乐”为目的、以行销消费为最高指导原则的生活哲学？我是否知道，政治人物可能变成没有灵魂而机关算尽的豪赌客，政治可能变成纯粹的商品推销术，政治理念可能被抽空，转为权力斗争技巧学，知识分子可能争相以虚无为高尚，而群众可能比从前更不宽容？我是否知道，新闻学的种种崇高理想可能变成一种令人难堪的讽刺，摆脱了威权之后，电视由虚假和童骏式的愚蠢统治？写“野火”时，我是否知道，20年后的大学生可能不再有“幼稚园大学”的天真幼稚，反倒是理直气壮地嘲笑深刻、拒绝思想？（20世纪70年代的大学生会把罗素、尼采的书夹在腋下走路，假装“深刻”。21世纪的大学生，“假装”什么？人们又是否夸大了新一代的“虚无”和“草莓”倾向？在这里，我们可以讨论所谓“后现代”和所谓“现代”的语意错综吗？）

① 《布拉格精神》，伊凡·克里玛著。时报出版公司，2003年，第83页。

我得诚实地说，不，我没有料到。事实上，不能呼吸、渴望空气的人，你不能跟他说“那空气充满杂质，是败坏的，所以留在屋里吧”。你就是不能这么说。

用卡夫卡来回答

1914年8月2日，卡夫卡在日记里写下一行字：“德国对俄国宣战。下午游泳。”（“9·11”那天的日记，我写的是：“飞机撞世贸大楼爆炸起火，大楼崩塌像计算机游戏。”你的呢？）

卡夫卡是一个彻底的私我个人，不是社会人或行动公民。国家层次的惊涛骇浪，和他下午要去游泳比例并重；要死好几百万人、千万人的大浩劫和他小小的舒懒闲情，等量齐观。有谁比他更自我、更虚无吗？

可是他写出了《审判》、《在流放地》这样的书。这些书里头人性的异化程度，每一行都像滴着鲜血的预言，预言15年以后才会发生的人类的大劫难。

克里玛用卡夫卡来回答罗斯的挑战：

> （卡夫卡的）这些作品只证明了一个创造者，他知道如何深刻和真实地表现完全属于个人的经验，同时又触及超越个人的或社会的领域……文学没有必要四处搜寻政治现实，或甚至为那些换来换去的制度烦恼；他可以超

越它们，同时依然可以回答制度在人们心中唤起的问题。这是我本人从卡夫卡那里吸取的最重要的教训。①

把游泳和战争“齐物论”的卡夫卡，表面上看起来像是虚无，事实上，他的“深刻和真实”使得他的个人小我经验可以涵盖甚至于超越国家的大我经验。也就是说，从国家社会的“大叙述”里抽身而出，获取自由，并不等同于意义的抽空、价值的犬儒化、叙述的琐屑化、理想主义的空洞化、传统的失忆化。(这些都是欧化的句子、坏的中文，但是你告诉我是否有更精准的表达句型?)从“大叙述”抽身可以，但是不可以离开“深刻和真实”，不可以离开某些最简单、最原始但是最永恒的原则，比如人道，比如美，比如善与恶的分野，比如思想和文学。(连这一点，你也想挑战吗?)

克里玛其实无法回答罗斯问题中所呈现的一种全球性的趋势，但是他不无骄傲地告诉罗斯，请放心，在他的国家里，“文学总是不仅享受到普及，而且也享受到尊敬……在一个不足一千两百万居民的国家，好作家的书，捷克语或翻译作品，都有成千上万的发行量”。②

如果罗斯用同样的问题来问我，我会不会和克里玛一样对自己的社会、自己的青年那样有信心呢？说我们的作者和

---

① 《布拉格精神》，伊凡·克里玛著。时报出版公司，2003年，第75页。

② 《布拉格精神》，伊凡·克里玛著。时报出版公司，2003年，第85页。

知识菁英有足够的“深刻与真实”，能够辨别自由与虚无的分界；说我们的读者和年轻人有足够的品味，探查得出那乘虚而入的“绝对娱乐世界”的全盘统治，辨认得出“文学、知识和语言的敌人”，抵挡得住理想主义的消费商品化，鉴别得出价值的真伪？

我想我会沉吟许久。

（好，你怎么回答罗斯？）

不知道是谁发明的词，称21世纪的年轻人为“草莓族”；意思是说，“草莓族”软绵绵地生活，轻飘飘地过日子。生活里没有任何压迫，所以他们是禁不起压的。同时因为没有了威权政治，没有了压迫，没有了值得反抗的对象，当然就没有了点燃“野火”的理由和必要。

我其实一点儿也不相信“草莓族”这个说法——每个时代都有思考的和不思考的人；对于所谓“没有了值得反抗的对象”更觉得不可思议。压迫我们的，岂止一个威权政治？威权政治因为太庞大，迫使我们将所有的注意力集中在它身上而忽略了其他的压迫，这些其他的压迫，当威权不在时，倾巢而出，无孔不入，渗透进入品味低劣到近乎侮辱的电视节目，进入企业管理中对员工人权的践踏，进入民族主义者狂热的叫嚣，进入民主操作中多数的暴力、进入新闻媒体的作假和垄断……所谓压迫，哪里只有一种面孔呢？对于自由精神的压迫，威权时代和民主时代以不同形式发作，所以，哪一个时代，可以不需要点火的人？（任何人可以上网去把自己的见解和知识写成辞条定义，任何人也可以去修订前面那个家伙所下的定义，然后等待被后面的人——如果他有更准确的讯息、更精辟的见解，将你推翻。）

2005年6月21日　沙湾径

八〇年代这样走过

龙应台

——屡见阁下大作针砭目前紊乱之社会现象，每次阅毕皆热泪盈眶，不能自已。

——我把报纸文章给孩子看，他说要影印起来，想贴到班上去又说不敢，怕训导处，我们一直活在怕怕中。

——不瞒您说，我也想离开台湾。我敢预言中国将是被淘汰的民族，不是亡于他人，而是死于自己手中的绳子，真的，真的。

——目前您知名度够，“有关方面”不敢轻举妄动，但是千万要小心：开车、走路、上街，都得注意，留心提防“凶神恶煞”杀出来。我想您是明白我的心意的。

——您的书及“中国时报”在我们单位算是被禁掉了。虽然我不赞同这个做法，但军队之所以构成，就是必须懂得服从命令。“中国时报”被禁是因为《野火集》的文章。这是一份政战部门所下的文，属于“密件”。

——你可知道在邦交断绝、外贸疲弱、地小人多、工商不发达的海岛台湾，升斗小民是怎么求生的？你可知道政府只管收税，不管失业救济，劳动法令残缺，劳工受伤，劳工被解雇，找不到工作，是如何解决每日开门七件事的？你可知道矿灾工人死亡，成为植物人，政府及劳保给付如杯水车薪，民间捐款被台北县政府留下一半，矿工子女是如何过活的？

——你是民族的叛徒！

似曾相识的时代

1985年12月，是个冷得不寻常的冬天。我在台安医院待产，从病床望出窗外，天空有一种特别清澈干净的蓝色。

《野火集》出现在书店和路边书摊上。21天内印了24刷。放到我手中的书，因为压的时间不够，封面还向上翘起。4个月之后，10万本已经卖出。

国民党的报刊开始了几乎每日一篇的攻击。

没有了国民党领导的政府，谁也活不下去了。就连想“闹事”的野火，到时也只有噤若寒蝉，否则就逃不过被斗被宰的结局！

我们必须严正昭告世人，今日生活在台湾以台北为主导的中国人，政治制度、社会结构、民风民俗容或有缺失，但绝对健康，绝无梅毒恶疮，能爱也能被爱，只有像龙应台这类××××……带原体，我们有权也有责任，公开唾弃她。

来自党外阵营的批判则有另外一个基调：

> 龙应台责备读者“你们为什么不生气？不行动？”她不知道(或是故意忽略)……是什么体制使他们变成那种“令人生气”的样子？龙应台叫人们向绝大多数终生不改选的立委施“民意”压力，这不是笑话吗？
>
> ……任何个人主义的反抗原本就是无效的……龙应台显然没有认识到这一点。她继续秉持个人主义与美式自由，终于也不得不碰到最后的关卡：那封闭、压制、迫害个人自由最深的，不是别的，正是政治……终于她开始攻击这政治力量，而且，就像以往的例子一样，遭到封杀。
>
> ……然而为什么五〇年代有《自由中国》，六〇年代有《文星》，七〇年代有《大学生杂志》，而八〇年代却只有一个龙应台呢？这是否意味着自由主义的没落呢？

对国民党所发动的谩骂恐吓，我不曾回应过一个字，因为不屑。对党外的批判，也不曾有过一句的辩解，因为投鼠忌器：我不能让等着消灭我的人知道我的写作策略。

12年过去了。台湾的社会在12年中脱胎换骨，不错，脱胎换骨了，只不过换出来的体质面貌和12年前竟仍然如此相似，令人诧异不已。

1985年3月何怀硕写着：

最近“江南”案与“十信”案，如狂风恶雨，几乎使社会一切停摆……一位对此一连串事件亦曾参与决策的官员沉痛地指出：“什么叫做落后？差不多就是像我们这个样子。”交通混乱、空气污染、生态破坏、奸商诈欺、治安不宁、贪污腐化……

1997年8月20日“中国时报”社论写着：

马祖空难、温妮风灾、街道巷战，一个又一个怵目惊心的画面，一条又一条无辜性命的丧失……灾难和治安已达到了超越常理的地步，真正反映的是整个统治机器陷入半瘫痪状态。

于是当我想为1980年代的“野火现象”写下一点小小的历史见证的时候，一点儿也不觉得是白头宫女在话天宝遗事，恍如隔世；倒觉得1980年代就是太近的昨天，时间很长，路却走得不十分远。

我这样走过

曾经用过一个老式瓦斯烤箱。瓦斯漏气，气体弥漫箱内。我在不知道的情况下，点燃了一枝火柴，弯身打开箱门。

“砰”一声；不，没有爆炸。只是一团火气向我脸上扑来，一阵炙热，我眉发已焦。

1984年的台湾是一个“闷”着的瓦斯烤箱，《中国人，你为什么不生气》是一枝无心的火柴。

我的社会教育开始了。激动的读者来信对我摊开了台湾社会长久遮掩的不愈伤口。一个不公的体制压着人民，能够长久地压着，因为它有一个社会哲学的托词：逆来顺受、明哲保身的社会哲学。看穿了体制不公的人知道事不可为而转向冷漠；不曾看穿的人则早被教育了忍耐是美德、忍受是义务。但是闷啊。这是一个有冤无处申的社会。

江南案、十信案、毒玉米案都是动摇“根本”的看得见的严重事件，但是在看不见的地方，小市民的个人悲剧和委屈在自生自灭。

1984年，学校老师可以在课堂上被“有关单位”带走问话。台北市美术馆的展出作品可以因为“密告”有红色嫌疑而被涂改。在军中服役的预官可以被打、被杀、失踪，而遭到消息封锁。机车骑士可以掉进政府施工单位所挖的坑，死亡而得不到赔偿。

1984年，国际人权组织说，台湾有187次取缔言论事件。

不敢发出的声音、无处倾吐的痛苦，大量地涌向一个看起来代表正义的作家案头。党外刊物在地下流窜，在边缘游走，在少数人中传阅。大多数的小市民不看，不敢看或不愿看。党外刊物的夺权意识使习惯安定、害怕动荡的小市民心存疑惧。“野火”的系列文章是许多人生平第一次在主流媒体上看见不转弯抹角的批判文字。文字虽然注满感染力与煽动性，但是它超越党派、不涉权力的性格又使人“放心”。感性文字中蕴藏着最直接的批判，人心为之沸腾。

不只是闷着的小市民，还有那已经闷“坏”了的小市民。我收到非常多精神病患者的来信。通常信写得特别长，来信频率特别高，三两天就一封，而且锲而不舍。所有的患者都有一个共同的症状：政治迫害妄想。歪歪扭扭的文字叙述被国民党跟踪、窃听、盗邮、陷害、茶中下毒、饭中下药的过程。有一个人长期给我写信（他也长期给里根总统和教皇写信）。有一天在报上读到他的名字，他因为在街头散发“反政府言论”被逮捕。患者多半是大学生。他们的病不见得是极权统治所引起，但是国民党的极权统治深深控制着他们仅有的思维，使他们动弹不得。

在《中国人，你为什么不生气》里，许多人看见希望；冷漠的人被感动了，忍受的人被激励了。而我，却不再天真烂漫。眉发焦赤的同时，我已经发现这个烤箱不是单纯的泄气，它有根本的结构问题。

我开始了策略性的写作，从《难局》一文出发。

最重要的目标：如何能推到言论钳制最危险的边缘，却又能留在影响最大的主流媒体中？多少前辈都是从“中国时报”写到“自立晚报”写到党外刊物，然后就不见了。我清楚地知道我要留在主流媒体中做最大的“颠覆”，做最红的苹果核心里的一条蛀虫。

副刊主编金恒炜说:“你放手写,心里不要有任何警总。尺度的问题我们来处理。”

可是,我怎么可能心中没有警总?江南才刚被杀,尸骨未寒呢。我的父亲为了我老做噩梦;告诉我他当年如何看见人在半夜被麻袋罩住沉下大海,失踪的人不计其数。我的命运使他忧虑;他知道我没有外国护照。

于是在生活上,我保持低调。一方面为了存留写作生命,一方面也不屑于做大众文化闹哄哄宠出来的英雄。我不接受采访、不上电视、不演讲、不公开露面。当然,更不能与反对人士来往。极长的一段时间里,读者不知道“野火”作者是个女人。一篇篇文章,不得不在孤独的沉思中写成。

在写作上,我知道我不能直接攻击体制,如此起彼落的党外刊物所为。能够讨论和批判的是环境、治安、教育种种社会问题。然而在那个极权体制下,任何能思考的人都会发现:所有的社会问题最后都无可逃避地植因于政治,这,却是我不能写出的。

我也觉得不必写出。如果一个人有独立思考的能力,他会自己看出问题的最后症结,找到自己的答案。我也确信那个不公的体制得以存在,是因为个人允许它存在;比体制更根本的问题,在于个人。

所以“野火”的每一篇文章,不管是《幼稚园大学》或《台湾是谁的家?》,都将最终责任指向个人,也就是小市民自己。

党外刊物也因此指责我“只打苍蝇,不打老虎”,或者看不见问题的要害。我不能说明:是策略,所以不直接打“老虎”;是信仰,因为我确实认为“苍蝇”责任更大,比“老虎”还大。

我以自以为最诚恳的心境写最煽动的文字,批判的层次也逐渐升高。报社为我承受了许多“有关单位”的“关怀”电话,但是当我将美术馆馆长比作政战官的时候,编辑也挡不住了。“政战部”早已下过公文禁止军中读“野火”专栏和“中国时报”。现在“政战部”主任许历农将军要请我吃饭。

许将军温文儒雅,谦和中不失锐利。席间不知什么人建议我该称他为“许伯伯”,我笑了笑,没接腔。他看起来还真是个我觉得亲切可爱又风度翩翩的外省长辈,但是各在各的岗位上,不得不针锋相对。“你的文章,”他说,“是祸国殃民的。”

我心里同意他的说法,如果“国”和“民”,指的是国民党的一党江山。

回去之后,写了《欧威尔的台湾?》:

> ……言论控制的目的在哪里?手段是否合适?效果如何?最重要的,究竟有没有控制的必要?控制思想有什么严重的后果?合不合台湾现状与未来的需求?

这一篇文章终于上不了报纸,只好偷偷混在其他文章里一并出了书。

国民党文工会问我愿不愿意“见官”。哪个“官”?我问。文工会主任宋楚瑜先生。

宋先生暨夫人和我，在来来饭店一个小房间里用餐。夫妻俩态度自然，言谈诚恳，没有一丝官僚气。我们交换了些对时局大事的看法，发现彼此的理念认知差距并不太大。

“教育部”问我愿不愿意与“部长”一谈。在李焕先生的办公室里，我对他陈述我对台湾军训教育的看法：军和党应该彻底离开校园。李焕先生极谦逊，专心地聆听，并且作了笔记。

《野火集》出书之后，专栏停止了一段时间；1986 年底，我离开台湾。流传的说法是，“野火”终于被“封杀”，而我被“驱逐出境”。事实上，出境是由于家庭因素，“野火”停止，则是因为我在专心地哺乳育儿。“野火”承受相当大的压力及被查禁的风险，但并未被“封杀”。

4 个月内 10 万本，使封杀查禁在技术上不太可能，固然是一个原因，但是和国民党主事者本身的素质也许不无关系。许历农、宋楚瑜、李焕，虽然都在维护一个千疮百孔的体制，本身却毕竟是思维复杂、阅历成熟的政治人物，看得出“野火”所传达的社会大潮走向。他们并没有诉诸野蛮的权力去抵制这个走向。

这些人，在 1985 年代表着台湾政治的主流。在 10 年后全变成了所谓非主流，退居边缘。但是取代了他们的新主流，1990 年代的政治斗争，面目之可憎超过了 80 年代的想像力。

1987 年，解严。台湾人终于赢得了“免于恐惧的自由”。只是在政治恐惧之外还有许多其他种类的恐惧，在 90 年代一一浮现。

1988年,《野火集》在祖国大陆风行。大学生觉得那些文字竟像是专为祖国大陆而写的。

1988年,我在莫斯科。改革开放正在动摇苏联的"国本"。但KGB仍旧监视着我的行踪,任何外国作家和记者的行踪。戈尔巴乔夫的智库机构试图和台湾有所接触,我受托将讯息转给李登辉;李登辉答复:时机尚未成熟。沈昌焕"外交部长"则公开对媒体重申反共抗俄的必要,对我主张重新认识苏联、接触苏联的文章大为光火。

80年代,我从台北走到北京,再从莫斯科走到东柏林的大街上,秋色萧萧,已是年代末了。我看见作家在对群众演说,群众在对天空呐喊,天空,漠然下起了冷雨,雨水冲洗着人们脸上悲愤激情的泪水。

那是一个最坏也最好的时代、最黑暗也最光明的时代。因为黑暗,所以人们充满了追求光明的力气和反抗黑暗的激情,而且黑白分明,奋斗的目标多么明确。力气、激情、目标明确——80年代是理想主义风起云涌的时代。只有在得到"光明"之后,在"光明"中面对个人自我的黑暗,发现那黑暗更深不可测,我们才进入了疑虑不安的80年代,世纪之末。

任何人,都可以堕落

我们都老了10岁。

手边保留了50封当年"野火"的读者来信。那个17岁的中学生，噙着眼泪写：“I fight authority，authority always wins.”现在怎么看这世界？那个在军校里半夜被打成重伤无处申诉的师大毕业生，现在是否活得健康？那被宪兵逮捕的精神病患现在幻想被什么人迫害？住在淡水山坡地上、房子裂成两半的家庭主妇，现在过着什么样的生活？

当年写“野火”慷慨激昂、认为“所有的社会问题最后都无可逃避地植因于政治”的作家，现在承认些什么？又学到些什么？

我承认，政治不是所有问题的根源。只不过在80年代的极权体制里，政治霸占了一切生活领域，因此也遮盖了某些更深层的问题，比如文化。

国民党经过一场“木马屠城”的大换血游戏，已经不是80年代那个任特务横行的政党；它是一个有真正民意基础的民主政党了。民进党也不是80年代那饱受压迫的政治异端，而是具有充分制衡力量甚至有可能执政的在野党了。80年代所梦寐以求的民主制度已经实现了，那么要以什么来解释新国民党的党内专制和民进党的权力欲望？“民主议会以合法途径谋求私利”的行径又植因何处？

于是卡尔·波普在1954年的演讲对我有了新的意义：

> ……制度，如果没有传统的支持，往往适得其反。比如说，议会里的反对党本来应该是防止多数党偷窃纳税人的钱的，但是我记得一个东南欧国家的例子：在那里，

反对党和多数党一起坐地分赃。总而言之,能够把制度和个人期许联结起来的,必须是传统文化。

显然,反对党和多数党坐地分赃的不只是咱们台湾人。但是波普一直强调的传统文化——使民主制度落实可行的传统文化,在台湾的历史环境里非但不是一个可以补充民主制度的力量,反而是一个必须克服的障碍。政论家批评李登辉专断,可是他的专断难道不是围绕着他的人的顺服所养出来的?这些人对主子的顺服里头又糅杂了多少传统文化的线索?

独裁体制没有了,而党主席依旧专断,而议会依旧"自肥",这时候云消雾散,问题的症结才暴露出来:是文化,不是政治。

文化又是什么意思?无非是一个群体中个人的价值观和行为体现吧。走过纷纷扰扰的10年,发现的竟是:只要有权力的试探,任何人都可以堕落。这当然包括,或者说:尤其包括八〇年代理想主义的英雄们。

"野火"的中心信仰:"比体制更根本的问题,在于个人。"算是歪打正着?

解放竟是过程

当极权体制瓦解了,还有什么东西压迫着个人呢?从什么解放出来,向什么争取权利?80年代,这些都不是问题。个人面对着强悍的体制,像瘦小的大卫仰望巨人。只有在巨人倒下之后，大卫才赫然面对了自己和自己的伙伴们。

伙伴们的意见就叫做“民意”。90年代，民意以铺天盖地的气势主宰社会，透过报纸、杂志、广播和电视，塑造新的价值标准。“政治正确”是它一件剪裁得体的西装。于右任的铜像被拆走，换上庸俗不堪的炫目花灯；但是没有人敢站出来说炫目花灯庸俗不堪，而于右任的书法和当年办教育的理念值得尊敬。花灯，代表新兴大众，不管怎么庸俗丑陋；于右任铜像，代表要打倒的国民党旧秩序，不管它是不是有更深远的意义。反对民意，就是反民主。

但是在民意当权的时候，竟也有人这么说：

> 独立的个人迷失在群体中。在政治上民意掌控这个世界。唯一有权力的就是大众和那以执行大众意向与直觉为宗旨的政府，在道德领域、人际关系、公共政策上，率皆如此……这个大众并不向他们的……菁英或书本求取意见；他们的意见来自他们的同类，以大众为名义，透过报纸草率形成。

也就是说，民意可能恶质化成一种多数的、平庸者的暴力，限制个人的发展，所以——

> 当集平庸之大成而形成的民意越来越是社会主流的时候，制衡这个趋势就得让更多的思想顶尖的个人出

头……一个社会中特立独行的人越多，天分、才气、道德勇气就越多。

也就是说，个人要从民意的强大束缚中解放出来，要向民意的平庸统治争取不同流俗的权利。极权瓦解之后，压迫着个人的是无数个个人所结成的集体，“民意”。

说这话的是美国的政治哲学家小米尔，写在他的经典之作《论自由》里，发表于1859年。

在1859年，他警告英国同胞：如果维多利亚王朝的英国人不抵抗民意的专制、不鼓励个人的独立发展，那么他们最可悲的下场将是：变成另一个中国，1859年的停滞不前的中国。而中国之所以停滞不前，是因为那个国家只知道群体的齐一，不知道个人超越卓群的重要。

不，识见短浅，阅历有限。80年代中完全没有想到，或者说也没有时间想到小米尔在130年前提出的问题。现在，对于严复把《论自由》译为《群己权界论》所表达的对“自由”被无限扩张的不安，我开始有了新的体会。梁启超在70年前说过的话，更令我惊诧其早熟：

……岂独军阀财阀的专横可憎可恨，就是工团的同盟抵抗乃至社会革命还不是同一种强权作用！不过从前强权，在那一班少数人手里，往后的强权，移在这一班多数人手里罢了。

难道说，解放竟是一个永无休止的过程？难道说，如前人已陈述，解放不等于自由，因为得到了某一种自由之后势必要出现另一种不自由，需要更进一层的解放？于是我想起哲学家德沃根所提出的“背景理据”(background justification)。争取什么权利要看当时当地的“背景”作为“理据”。譬如近代西方社会的组织及法律原则多根据效益主义(utilitarianism)而形成，那么在这个社会中所谓争取权利就是争取反对效益主义的权利。换一个时间空间，争取什么权利要看当时当地的“背景理据”是什么。

80 年代的“背景理据”是国民党的一党专政，我们追求的权利是反对一党专政，以民意取代独裁。90 年代的“背景理据”就不同了，它变成肤浅民意的无所不在。90 年代必须争取的权利也就变成如何洞察民意的虚实真伪、如何保护少数的不受侵害和腐蚀、如何保障真正意义的自由了。

比较起来，80 年代的“奋斗”虽然冒着坐牢的危险，人们的心情是自信而轻松的。极权体制是那么大一个目标，打垮它只需要些英雄气概。90 年代看起来平庸而安静，可人心惶惶不安，首先就闹不清敌人究竟是谁。在 80 年代，贪污腐败、火烧水灾死人，都可以怪国民党；在 90 年代，官商勾结、黑道横行、火烧水灾照样死人，却不知要怪谁？政府由小市民自己投票组成；如果还有什么要被打倒，那最该被打倒的，竟是小市民自己的种种弱点。当政治责任由独裁政体转到了个人肩上时，个人顿时发现了自己体质的虚弱。

来自黑暗

发现个人体质虚弱的，当然不只是解严后的台湾人。经过纳粹统治的德国人一次又一次地发现国家权力如何可以轻而易举地吃掉个人，到今天还在讨论自由的危机。解体后的俄罗斯人和东欧人眼看旧权威崩溃而新秩序无从建立，丛林的掠夺原则得以盛行。个人体质相对结实的，全世界也不过英法美少数国家，而他们已经花了两百多年的时间在培养个人体质。

个人，当他是反对者的时候，他不被捕杀就是圣洁的英雄。当他不再是反对者，严酷的测验就来了：他是否能抵挡权力腐化，他是否能承担责任，他是否能容忍异己。太多的革命党，都在测验中暴露了自己的本质：那打破了专制的英雄们竟是无数个专制的个人。个人，才是黑暗的真正来源。

1987 年在台湾发生的宁静革命不是哪一个党的革命，而是真正的全民运动，人民把权力索了回来。在绵长的中国历史上，这是青天霹雳第一回，不能不使人屏息静气，想看个分明：这人民正在接受测验，他是否能慎用权力？他是否能承担责任？他是否能容忍异己？

不知道，测验正在进行中。但是当我想到，在 1935 年，蒋廷黻和丁文江都斩钉截铁地认为“民主政治在中国今日不可能的程度远在独裁政治之上”，理由之一就是“中华民国的人民百分之八十或七十五以上是不识字的"，我就明白我们现在用的是多么高的标准在要求、在衡量台湾的人民。半个世纪的路虽然曲折，没有白走。

如果说，扛在个人肩上的重担使人步履不稳、心中不安，或者说，消毒隔离病房走出来的个人现在面对各种病菌侵袭而适应不良，他是否愿意回到原来安全控制的消毒房里去过日子？

碰见一个爱说话的计程车司机，从和平东路开始抨击政府和财团一直抨击到圆山饭店。"那么，"我下车时问他，"还是蒋家政权好喽，你这么说。"

他用力地摇头，"当然不是。以前的特权是合法化、体制化的，合法体制到你根本不知道它是特权。现在是个人行为，而且你知道它是非法的。差别可大了。"

司机说话，充满自信。

胡適在二〇年代说，必得先下水才能学会游泳；自信的司机便相信，必得离开消毒病房才能建立自己的免疫能力。自由主义不自由主义，只有检验才是唯一的真理吧。

梦想光明

走过台湾的80年代，不能不是一个彻底的个人主义者，继续梦想光明，面对个人最深邃的黑暗。不眨眼。

（本篇略有删节）

从"一九八四"出发

收录《野火集》(圆神出版,1985)21 篇文章

中国人，你为什么不生气

原载于1984年11月20日“中国时报”·人间

20世纪80年代，大部分学成的台湾留学生会留在美国。1983年秋天，我得到了博士学位，却决意回台湾。朋友奇怪地问我为什么，我说，离开台湾时，23岁，在校园里长大，不曾用“成人”的眼光注视过自己的家乡，“我想回去真正认识一下自己的社会。”

真的回去了。真的注视了。不敢相信人们对于不公不义没有尊严的环境可以如此忍受，如此“苟活”，于是写了这篇文章。用“投稿”的方式寄去给素昧平生的“中国时报”。是的，用钢笔蓝色的墨水写在四百字的格子稿纸上，放进信封里，贴上邮票。走到邮局，丢进邮筒。那个时候的标准信封，背面还印着“反共抗俄”的标语。

写的时候，并没有多想；所谓环境、社会、交通、消费问题的下面，藏着一把政治的锁。

在昨晚的电视新闻中，有人微笑着说："你把检验不合格的厂商都揭露了，叫这些生意人怎么吃饭？"

我觉得恶心，觉得愤怒。但我生气的对象倒不是这位人士，而是台湾1800万懦弱自私的中国人。

我所不能了解的是：中国人，你为什么不生气？

包德甫的《苦海余生》英文原本中有一段他在台湾的经验，他看见一辆车子把小孩撞伤了，一脸的血。过路的人很多，却没有一个人停下来帮助受伤的小孩，或谴责肇事的人。我在美国读到这一段，曾经很肯定地跟朋友说：不可能！中国人以人情味自许，这种情况简直不可能！

回台一年了，我睁大眼睛，发觉包德甫所描述的不只可能，根本就是每天发生、随地可见的生活常态。在台湾，最容易生存的不是蟑螂，而是"坏人"，因为中国人怕事、自私，只要不杀到他床上去，他宁可闭着眼假寐。

我看见摊贩占据着你家的骑楼，在那儿烧火洗锅，使走廊垢上一层厚厚的油污，腐臭的菜叶塞在墙角。半夜里，吃客喝酒猜拳作乐，吵得鸡犬不宁。

你为什么不生气？你为什么不跟他说"滚蛋"？

哎呀！不敢呀！这些摊贩都是流氓，会动刀子的。

那么为什么不找警察呢？

警察跟摊贩相熟，报了也没有用；到时候若曝了光，那才真惹祸上门了。

所以呢?

所以忍呀！反正中国人讲忍耐！你耸耸肩、摇摇头!

在一个法治上轨道的社会里,人是有权利生气的。受折磨的你首先应该双手叉腰,很愤怒地对摊贩说:“请你滚蛋!”他们不走,就请警察来。若发觉警察与小贩有勾结——那更严重。这一团怒火应该往上烧,烧到警察肃清纪律为止,烧到摊贩离开你家为止。可是你什么都不做;畏缩地把门窗关上,耸耸肩、摇摇头!

我看见成百的人到淡水河畔去欣赏落日、去钓鱼。我也看见淡水河畔的住家整笼整笼地把恶臭的垃圾往河里倒;厕所的排泄管直接通到河底。河水一涨,污秽气直逼到呼吸里来。

爱河的人,你又为什么不生气?

你为什么没有勇气对那个丢汽水瓶的少年郎大声说:“你敢丢我就把你也丢进去?”你静静坐在那儿钓鱼(那已经布满癌细胞的鱼),想着今晚的鱼汤,假装没看见那个几百年都化解不了的汽水瓶。你为什么不丢掉鱼竿,站起来,告诉他你很生气?

我看见计程车穿来插去,最后停在右转线上,却没有右转的意思。一整列想右转的车子就停滞下来,造成大阻塞。你坐在方向盘前,叹口气,觉得无奈。

你为什么不生气?

哦！跟计程车可理论不得！报上说,司机都带着扁钻的。

问题不在于他带不带扁钻。问题在于你们这 20 个受他阻碍的人没有种推开车门,很果断地让他知道你们不齿他的行为，你们很愤怒！

经过郊区，我闻到刺鼻的化学品燃烧的味道。走近海滩，看见工厂的废料大股大股地流进海里，把海水染成一种奇异的颜色。湾里的小商人焚烧电缆，使湾里生出许多缺少脑子的婴儿。我们的下一代——眼睛明亮、嗓音稚嫩、脸颊透红的下一代，将在化学废料中学游泳，他们的血管里将流着我们连名字都说不出来的毒素——

你又为什么不生气呢？难道一定要等到你自己的手臂也温柔地捧着一个无脑婴儿，你再无言地对天哭泣？

西方人来台湾观光，他们的旅行社频频叮咛：绝对不能吃摊子上的东西，最好也少上餐厅；饮料最好喝瓶装的，但台湾本地出产的也别喝，他们的饮料不保险……

这是美丽宝岛的名誉，但是名誉还真是其次。最重要的是我们自己的健康、我们下一代的健康。100位“交大”的学生食物中毒——这真的只是一场笑话吗？中国人的命这么不值钱吗？好不容易总算有几个人生起气来，组织了一个消费者团体。现在却又有“占着茅坑不拉屎”的卫生署、为不知道什么人做说客的立法委员要扼杀这个还没做几桩事的组织。

你怎么能够不生气呢？你怎么还有良心躲在角落里做“沉默的大多数”？你以为你是好人，但是就因为你不生气、你忍耐、你退让，所以摊贩把你的家搞得像个破落大杂院，所以台北的交通一团乌烟瘴气，所以淡水河是条烂肠子；就是因为你不讲话、不骂人、不表示意见，所以你疼爱的娃娃每天吃着、喝着、呼吸着化学毒素，你还在梦想他大学毕业的那一天！你忘了，几年前在南部有许多孕妇，怀胎九月中，她们也闭着眼梦想孩子长大的那一天，却没想到吃了滴滴纯净的沙拉油，孩子生下来是瞎的、黑的！

不要以为你是大学教授，所以做研究比较重要；不要以为你是杀猪的，所以没有人会听你的话；也不要以为你是个学生，不够资格管社会的事。你今天不生气，不站出来说话，明天你——还有我、还有你我的下一代，就要成为沉默的牺牲者、受害人！如果你有种、有良心，你现在就去告诉你的公仆立法委员、告诉卫生署、告诉环保局：你受够了，你很生气！

你一定要很大声地说。

生气，没有用吗？

原载于1984年12月6日“中国时报”·人间

人们的信，被邮差成卷成卷地带进来。各种笔迹，各种纸张，各种人；家庭妇女、小学老师、计程车司机、公务员、医生、大学生……显然都是第一次给一个作者写信。手写的笔迹——几乎没有一封是打字机或电脑印出来的。

浓的墨、淡的墨，粗犷的笔迹、圆柔的笔迹，每一封信的语气都很激动，很痛苦，在摸索出路，在寻找自由呼吸的空间。

我就知道了。

当我说“我拒绝活在一个警察不执法、官吏不做事的社会里；我拒绝活在一个野蛮的空间里”，我其实已经接收到了读者隐晦传来的一组暗码。

读者和作者之间，是有一种不必解释的互动和默契的。

想一想,在一个只能装 10 只鸡的笼子里塞进 100 只鸡,会是什么光景? 台湾,就是这样一个笼子:你与我,就是这笼子里掐着脖子、透不过气来的鸡……

如果你住在台湾,如果你还没有移民美国或巴拉圭,如果你觉得你的父母将埋葬于此,你的子女将生长于此,那么,这是我给你的一封信。

写过《中国人,你为什么不生气》之后,有些人带着怜悯的眼光,摇着头对我说:生气,没有用的! 算了吧!

他们或许是对的。离台 10 年,在回到台湾这一年当中,我有过太多"生气"失败的经验。有些是每天发生的小小的挫败:

在邮局窗口,我说:"请你排队好吧?"这个人狠狠地瞪我一眼,把手挤进窗里。

经过养狗的人家,看见一只巨大的圣伯纳狗塞在一个小笼子里;鼻子和尾巴都抵着铁栏,动弹不得。找到狗主人,我低声下气地说:"这太可怜了吧!"他别过脸去,不说话。狗在一旁呜呜叫着。

有人把空罐头丢在大屯山里,我伸出头大叫:"这么美的景色,别丢垃圾!"没有回音,我只好走过去,自己捡起来,放回我的车上。

南部的商人屠杀老虎,我问环保局:"没有法令保护这些稀有动物吗?"回答是:"没有。"

有些是比较严重、比较激烈的失败：

回台湾第二天，计程车经过路口时，猛然发觉有个人躺在马路中间，黑衫黑裤，戴着斗笠，像是乡下来的老农夫，姿态僵硬地朝天躺着。流水似的车马小心而技巧地绕过他，没有人停下来。我急忙大叫："赶快停车，我去给警察打电话！"

司机狠狠地往窗外吐了口槟榔，回头对我哈哈大笑："免啦！大概早就死了。打电话有什么用！"油门一踩，飞驰而去。

《英文邮报》登了一则消息：发现"乌贼"者，抄下车牌号码，请打这两个环保局的电话。几个星期之后，我拨了其中一个号码，正要把"乌贼"报出，那边打断我的话：

"有这样的事吗？哪家报纸登的？"

"《英文邮报》。"我说，于是重新解释一遍。对方显然不知所措，于是要我拨另一个号码——另一个电话也不知道怎么办。最后，接第四通电话的人犹疑地说：

"那你把号码给我好了，我们看着处理。"

我并没有把"乌贼"号码给他；我把电话摔了。

有一段时候我们住在临着大街的10楼上。搬进去之后，发觉对街的夜摊每至午夜，鼓乐喧天，大放流行歌曲。于是我夜夜打电话到警察局去；电话那头总是说：好，就派人去。可是，站在阳台上观望，我知道，没有人去。

失眠一个月以后，我直接打电话给分局长，请他对我这个小市民解释为什么他不执法。这位先生很不耐烦地说："咱们台湾实情如此，取缔是办不到的。"

过了不久，我打开门，发现一个满脸长横肉的人站在门口，凶狠地说："哇宰样你报警察。给你讲，哇是会刣人的，哇不惊死！"

走在人行道上，有辆计程车扫着我的手臂飞过，马上又被红灯挡住。我生气地走过去，要他摇下窗户，说："你这样开车太不尊重行人；我们的社会不要你这样没有水准的公民……"

很可笑的，知识分子的调调，我知道。灯绿了，这个司机把车停到街口，推开车门走了出来，手里拿着一根两尺长的铁棍，向我走来……

分析一下这些经验。造成我"生气"失败的原因大致有三个：第一，这个社会有太多暴戾的人，不可理喻。当司机拿着铁棒向我走来的时候，我只能默默地走开。第二，我们的法令不全。老虎如果没有立法来保护，跟唯利是图的人谈人道与生态毫无意义。第三，执法的人姑息。明令摊贩不准随地设摊、污染环境，但是当执法人本身都观念不清的时候，你怎么办？

这些都造成我的失败，可是，你知道吗？这些，还不是最主要的原因。最主要的原因是"生气"的人太少。

如果打电话到环保局去的不只我一个，而是一天有 200 通电话、300 封信，你说环保局还能支吾其事吗？如果对分局局长抗议的不只我一个，而是每一个不甘心受气的市民——他还能执迷不悟地说"中国台湾实情如此"吗？如果那个养狗的人家，每天都有路人对他说："换个笼子吧！"他还能视若无睹吗？如果叫阿旺的这个人一插队，就受人指责，一丢垃圾，就遭人抗议，阿旺一天能出几次丑呢？

想一想，在一个只能装 10 只鸡的笼子里塞进 100 只鸡，会是什么光景？台湾，就是这样一个笼子；你与我就是这笼子里掐着脖子、透不过气来的鸡。我们既不能换一个较大的笼子，又不能杀掉一半的鸡（不过，我们混乱的交通倒是很有效率地在为我们淘汰人口）。在这种情况之下，如果要维持一点基本的人的尊严，我们就不得不仰靠一个合理的社会秩序。这个社会秩序不仅只要求我们自己不去做害人利己的事，还要求我们制止别人做害人利己的事。你自己不做恶事才只尽了一半的责任，另一半的责任是，你不能姑息、容忍别人来破坏这个社会秩序。

最近碰到一位来台开学术会议的欧洲学者。他自 1960 年起，大概每 5 年来台湾考察或开会一次。台湾的繁荣蒸蒸日上，他说，可是台北，一年比一年难看。我微笑——你要我说什么？我住过美国的纽约、西德的慕尼黑，到过欧洲的罗马、雅典、欧亚交界的伊斯坦堡、非洲的卡萨布兰卡、埃及的开罗、日本的东京；我知道：台北是我所见最缺乏气质、最丑陋、最杂乱的都市。当我站在十字路口，看见红灯未灭就在乌烟瘴气中冲过街去的一张张杀气腾腾的脸，我觉得惊骇：是什么，使这个城市充满着暴戾与怨气？

但是我爱台湾，无可救药地爱着这片我痛恨的土地，因为我生在这里，因为我的父母兄弟、我的朋友同事、学校里每天为我倒杯热茶的工友、市场里老是塞给我两把青葱的女人——他们，还有他们一代一代的子女，都还要在这个受尽破坏的小岛上生长、生活。可是，我是一个渴望尊严的“人”；我拒绝忍气吞声地活在机车、工厂的废气里，摊贩、市场的污秽中，我拒绝活在一个警察不执法、官吏不做事的野蛮的社会里。

我可以从皮夹里拿出护照来一走了之，但是我不甘心，我不相信“台湾实情”就是污秽混乱，我不相信人的努力不能改变环境。

我并不要求你去做烈士——烈士是傻瓜做的。看见那人拿着铁棒来了，夹起尾巴跑吧！我只是希望你不要迷信“逆来顺受”；台湾的环境再这样败坏下去，这个地方，也真不值得活了。我只是谦卑地希望你每天去做一点“微不足道”的事：拍拍司机的肩膀，请他别钻前堵后，打个电话到环保局去，告诉他淡水的山上有人在砍树造墓，写封信到警察局去，要他来取缔你家楼下莫名其妙冒出来的地下工厂，捡一片红砖道上的垃圾，扶一个瞎子过街，请邻座不要吸烟，叫阿旺排队买票……

我只想做一个文明人，生活在一个文明的社会里罢了。你说，我的要求过分吗？

生了梅毒的母亲

原载于1985年1月4日“中国时报”·人间

这是引用余光中的诗，以表达我心目中台湾环境恶劣的程度，但也为我招来奇特的谩骂，说，台湾有梅毒，那么你“龙应台就是国际娼妓”。

父亲开始不安，有一天，他很慎重地对我说，女儿，你不要忘记我跟你说过，我亲眼见到不听话的人半夜里被麻袋蒙住，绑在石头上，丢到海里去了。

我回说，爸爸你放心，我只是在谈“捡垃圾”。没关系的。

在成堆的读者来信中，发现一封柏杨的来信，赞美、鼓励“野火”的年轻作者。我心想，好个慷慨大度的前辈啊。

有一天黄昏，和一位瑞典朋友去看淡水的落日。河水低潮的时候，密密麻麻的垃圾在黑色油腻的污泥中暴露出来。好不容易找到一块离垃圾远一点的地方，刚坐下来，就看到这个毛毛头，5岁大的小男孩盯着我们，转身对抱着布娃娃，更小的小孩，用很稚嫩的声音说：

“妹妹，我会听英文，这个外国人在说我们台湾很不进步……”

我愣住了——因为我的金发朋友一句话也没有说。这个小毛头在捏造故事，可是他捏造了怎么样的故事啊！中国民族的自卑感已经这么深了吗？这孩子才5岁哪！

火红的太阳在垃圾的那一头沉了下去，我默默地离开淡水河。

而居然有人说：台湾没有你说的那么糟！

要糟到什么程度才能使你震动？

在德国，我看见莱茵河里游着雪白的野天鹅，公路旁高高地抽着鲜红的罂粟花，森林里嬉笑的小孩在寻觅香菇和莓果。

在意大利，我看见裸着身子的女郎在冰凉透明的湖里游泳，老太婆坐在葡萄藤下聊天，贩夫走卒在笼罩着月光的沙滩上跳舞。

在希腊，一个像淡水一样依山傍水的小镇里，我看着渔民把鹅卵石铺在海堤上，就着粼粼的波光喝酒唱歌；干瘠的山上猛烈地开着星星似的野花。

在土耳其，我碰到穿着花裙的吉卜赛女人背着满箩筐的花朵，沿着古老的石板路叫卖，脸颊丰润的小孩在山坡上滚来滚去。

回到台湾，我去看山——看见剥了皮的青山。绵延的绿当中突然陷下一大块，砂土被挖走了，红土石砾赤裸裸地暴露出来。台北县的山满目疮疤，像一身都长了癣、烂了毛的癞皮狗，更像遭受强暴的女人……

我去看水。听说关渡有雪白的水鸟，不错，可是水面上密密地覆着一层垃圾，水鸟瘦瘦的脚找不到栖落的地方。嬉笑的小孩涉在乌黑恶臭的水里抓水虫。

居然有人说：台湾没那么糟！

为了多赚几毛钱，有人把染了菌的针筒再度卖出，把病毒注入健康人的身体里去。为了享受物质，有人制造假的奶粉，明明知道可能害了千百个婴儿的性命。为了逃避责任，有人在肇事之后，回过头来把倒地呻吟的人瞄准了再辗过一次。我们的子女坐在教室里，让毒气给轰倒。我们的朋友喝了伪酒而失明。我们的兄弟，被车撞断了腿，每天拄着拐杖，一跛一跛上学校。而我们自己，心平气和地吃喝各色各样的化学毒素，呼吸污浊的空气，在横行霸道的车辆间仓皇怯懦地苟活。

要糟到什么程度你才会大吃一惊？

在《中国人，你为什么不生气》（11 月 20 日）和《生气，没有用吗？》（12 月 6 日）刊出之后，我听说有大中学的老师把文章发给学生，做课堂讨论材料；有人把文章复印了四处寄发；

也有人当海报传单一样到处张贴。每天我的邮箱里塞着读者的来信，写信的人有老师、水电工人、学生、军人、理发小姐……其中有两封特别伤感：

——我们的家乡台湾，本来山青水秀，现在被当作歇脚的地方，这些人不打算生根，歇会儿，气力足就走了。你要他们怎么去爱乡爱土？

——今天台湾生活环境之差到了令人想一走了之的地步。可是，眼见苦难的中国人好不容易有这么一个地方，稍稍享受一点没有饥饿、没有战乱的日子，实在又很想珍惜它；然而我们的环境却又败坏至此，令人痛心不已。

我实在不了解为什么我们的环境会受到如此的破坏。人穷的时候，把门砍破了烧来取暖，还有话说；30年后的台湾早就“发”了，为什么还在到处打洞？更何况台湾这个“房子”还不是我们的——我们只是百代的过客，我们之后还有一代又一代的人要来这里居住生活。任何房客都没有权利把租来房子的屋顶拆掉、地板挖空、墙壁熏黑，因为将来还有别的房客要来。台湾这个小小的岛屿，我们也还得留给下一代的下一代。我们哪里有资格，哪里有权利——为了现在多赚几毛钱，疯狂地、忘形地追求所谓“经济成长”——而在苍天有德暂租给我们的这片土地上横行肆虐，把青山毁掉，把绿水弄浑，在泥土里掺毒？以后的人怎么办？中国人还没有短见自私到绝子绝孙的地步吧？

诗人说：生了梅毒，还是我的母亲。台湾，是生我育我的母亲；肮脏、丑陋、道德败坏的台湾是我生了梅毒的母亲。你说台湾没有那么糟，我觉得你在做梦；你说，治文学的人不应该为这种凡间琐事费神，我觉得你麻木：我坐在书房里，受噪音的折磨；吃一餐饭，有中毒的危险；出门上街，可能被车子撞死；走进大自然，看不见一片净土。有哪一门“学问”比“生活”本身更重要呢？我之所以越过我森森的学院门墙，一而再、再而三地写这些“琐事”，是因为对我而言，台湾的环境——自然环境、生活环境、道德环境——已经恶劣到了一个生死的关头。我，没有办法继续做一个冷眼旁观的高级知识分子。

所以我伸出手来，急切地想与你接触。我是个大学教授，你或许是个面店老板、小学老师、公车司机，或满手油污的修车工人；在日常生活上，你和我却都是“市井小民”，有一模一样的需求——安静的环境、干净的社区、有条理的街道、文明礼让的邻居。有许多问题，我们这些市井小民不得不仰靠专家，比如垃圾掩埋的科学方式及山林水土保持的处理。也有许多人，是我没有能力影响或教化的，比如拿刀杀人的老大或偷偷丢垃圾的阿旺（他们也不会读副刊吧？！）可是市井小民仍旧可以做许多事情：专家不尽力的时候，你要监督他、指责他，告诉他：做不好，换别人来。至于阿旺，如果他一个人丢，有十个市井小民去捡，我们的街巷仍旧是干净的。台湾的环境不能再往下掉一步，掉一步，很可能万劫不复。

今天下午，我在淡水田野间行走，看见一只洁白的鹭鸶轻俏地站在一头墨黑的水牛背上。那头水牛粗糙笨拙，沉重的蹄在沼泽里来回。背着无尽的天光，它悠然地吃着脚边翠绿的水草；不知魏晋、不知汉唐、不知古往今来的一脚一个印子。风轻轻地吹着，我在田埂上凝视许久，心里溢满感谢：感谢这水牛的存在，感谢这鹭鸶与水草的存在。我的母亲生了梅毒，但是至少她还没有死去，她还有痊愈的希望。我既不愿遗弃她，就必须正视她的病毒，站起来洗清她发烂发臭的皮肤。

新春的第一个晴天，我会到大屯山上去看丰硕的芒草。我的车里会有一只大塑胶袋；我会把沿着山路的垃圾捡起来，带走。新春的第一个晴天，你或许会带着学生或者三朋四友，到澄清湖、火焰山，或秀姑峦去寻找一点野气；或许你也愿意带着一个大塑胶袋，捡走花丛里的空罐头。在你弯身的那一刻，或许我也在弯身，如果我们在转角处相遇，就打个招呼吧！

或许这一年的台湾就真的要比 1984 年的台湾稍稍干净一点、安静一点、和谐一点。你，来赴约吧！

难　局

原载于1985年2月5日“中国时报”·人间

人们说,有“野火”专栏的那一天,“中国时报”的零售要多好几万份。我,有踩着钢丝跳舞的感觉。我不面对媒体,大部分的读者,仍旧以为“龙应台”是位老先生。

坊间有很多党外杂志,有些看得很透彻,说得很尖锐,但是只能在地下流传,在小圈圈里相濡以沫。我不认为这是最有效的方法。

《难局》是“策略写作”的开始。用苏格拉底的话说:“当我对一个制度不满的时候,我有两条路:或者离开这个国家;或者循合法的途径去改变这个制度。”

《难局》是“野火”里第一篇准备正面“解构”权威政体的文章。我思索的是:如何尽量拖长时间,让当权者不意识到你的危险,而用最好看、最活泼的白话,打动最多的人? 写完一篇,我就检查一遍:开车的、卖菜的,看不看得懂?

这就成了杨渡所说的“媚俗”,是的,“野火”每一篇都是‘媚俗’的。

有个叫苏格拉底的老头，你大概不认识。

他已经70岁了！深凹的眼睛，白花花一把胡子。在牢里关了好几天了；明后天等船回来，死刑就要执行。这天清晨，他刚睡醒，一小格窗子透着一点光，非常希腊的天空。

克瑞图是个有钱的老朋友，已经滔滔不绝用尽了口舌，恳求苏老头逃狱。“钱，包在我身上，”他说，“更何况，你死了，谁来照顾你的小孩？”

可是苏老头顽固得很，他一本正经地说：

“雅典政府以‘妖言惑众’判我死刑，固然不合理，但是我如果逃狱而破坏了雅典的法制，那就等于以其人之‘恶’还治其人，使我自己也错了。你要知道，两恶不能成一善。

当我对一个制度不满的时候，我有两条路：或者离开这个国家；或者循合法的途径去改变这个制度。但是我没有权利以反抗的方式去破坏它。让雅典人杀我吧！我愿意做一个受难者而死，不愿做一个叛逆者而生。”

苏老头仰头吞了毒药而死，黄黄的药水流下来，弄脏了他的胡子。

另外有个人叫梭罗，喜欢独来独往。30岁那年，一个人到森林湖畔搭了个木头房子，自耕自活。有一次在树林里生火烤肉，差点把康考特的林子烧了一半。

这天黄昏，正在散步的时候，梭罗被抓进了监狱，理由是他拒绝付税。他认为政府用他缴的钱去支持战争（美国人欺负墨西哥人)及黑奴制度,有违他的个人良知;他以立即的、反抗的行动来抵制他认为是错的法制。

“面对不合理的法制时,我们应该盲目地遵从吗?还是暂且遵从,同时慢慢地循合法途径去改革?还是立即地反抗,来抵制、破坏这个法制?”

梭罗问着,而他的回答理直气壮:

“盲目的遵从是最低级的愚蠢,不必考虑。寻求改革途径,时间拖得太长。人生有多少日子?又不是吃饱饭没事干,一天到晚绿头苍蝇似地去改造社会。人生在世为了生活,不是为了改革。所以对付一个不合理的制度,最好的办法就是立即地抵制。”

梭罗并没有尽兴;在牢里兴奋地睡了一夜,第二天就被那个慈善心肠的老姑妈代缴了税金,赎了出去。倒是100年之后,在古老贫穷的东方,有个叫甘地的人尽了兴,带了千万个人去“立即地抵制”一个不合理的制度。

爱恨分明的纽约最近也出了一个人物。戴着金丝眼镜、很文静秀气的葛兹坐在夜车里,一心想回家泡个热水澡。四个年轻的黑小子围了上来,跟他要5块钱。纽约的人都知道,5块钱的下一步大概就是头上5个窟窿。那个脸上有条疤的家伙上个月才把一支枪抵在一个老女人的脖子上,抢走了一条金链子。

但是文静的葛兹怎么办呢?没有警察来保护,没有乘客敢帮助——他究竟应该，如苏老头所说，做一个守法的受难者；还是如梭罗所说，做一个违法的反抗者？换个问法，他究竟应该任这四个人把他毒打一顿、刺上两刀，然后到警局报案；或是应该拿出手里所有的武器打击敌人，使自己成为法纪的犯人？

戴眼镜的葛兹在摇摇晃晃的车中站起来，说：

“我给你们一人 5 块！”

他连发了 5 枪。有疤的那个被打中脊椎，半身瘫痪，他今年才 19 岁。而葛兹，在家里等候法庭宣判他的命运。

还有个中国人，你或许没听说过，叫张系国。他坐上了计程车，恶司机不但绕了路，还要下车来打架。这位高级知识分子的张博士居然撩起袖子来跟司机当街对峙起来。

代表法制的警察先生来了，却认为，打架是不应该的，若轮到他，就该让司机给打伤了，再去告他伤害罪。

也就是说，万一给扁钻刺死了，那么就由未亡人到法庭去告他杀人罪，皆大欢喜。

一个制度无力保护个人的时候，个人有没有权利保护自己？

就法制的基本原则而言，我们不能容许个人的“执法”。如果每个人都拒绝缴税，如果每个人都拿起枪来像约翰韦恩把“坏人”给“干”了，如果每个人都撩起袖子来打架；我们或许就回到了原始蛮荒的时代，人人靠一己的齿尖牙利，适者生存。法制之所以重要，我们说，是因为它使齿不尖、牙不利的渺小的个人也获得保障。

可是，如果“法”的存在是为了“个人”，为什么“个人”却经常要为了“法”而牺牲呢？对于梭罗而言，政府的存在是为了保护个人的权益，但当他在争取个人权益的时候，政府反而要惩罚他。对于葛兹而言，他保护了自己——达到了“法”的目的，却同时也犯了法。只有苏格拉底那个老头，他根本就放弃自己、牺牲个人，所以与法相安无事。

当所谓“法制”已经成为一个巨大的、僵硬的方格子，把每一个血肉做成的“人”锁在一方方小格子里的时候，这个法是不是违背了当初之所以有它的本意？当一个警察要老百姓让恶人打伤了再去报案的时候，人是不是已经“文明”得糊涂，忘了“文明”究竟是为了什么？

所以我很怕听人说“学校荣誉”，因为我知道，为了这么一个抽象的框框，有多少“不听话”、“不受教”的学生要受到残酷的压制，多少特立独行的个人要被塞进框框里，呼吸不得，动弹不得。

我更不忍心听人宣扬五代同堂的美德。在那个和谐的表面之下，有多少半夜的叹息、破碎的梦想、解体的个人意志，一切都为了一个抽象的理想、一个原本造福个人而往往牺牲个人的制度。

法制、国家、社会、学校、家庭、荣誉、传统——每一个堂皇的名词后面都是一个极其庞大而权威性极强的规范与制度，严肃地要求个人去接受、遵循。

可是，法制、社会、荣誉、传统——之所以存在，难道不是为了那个微不足道但是会流血、会哭泣、会跌倒的“人”吗？告诉我。

美国不是我们的家

原载于1985年2月18日“中国时报”·人间

公民、公民、公民，我们需要行动的公民。比《难局》更进一步，我开始说，如果“政府既不许他离境，又不给他改革的管道，他就没有义务片面地做个循规蹈矩的公民”。

空气中有一种隐隐的不安。读者的信继续进来。很多人以为我有外国护照；我没有。但是不必辩解。

我收到好几十封读者的来信。年长一点的说："每看你的文章，心情激动难平，一再泪下。"年轻一点的大学生写着："在成为冷漠的'社会人'之前，请告诉我们：我们能为台湾做些什么？"更年轻的，高中生，说："反正做什么都没有用！我大学毕业就要远走高飞，到美国去！"

少年人激动愤慨，老人家伤心落泪，绝对不是因为我的文章写得好。这一大叠情绪汹涌的信件对有心人应该透露出两个问题：第一是事态本身的严重性；台湾生活环境的恶劣已经不是知识分子庸人自扰的嚷嚷，而是市井小民身受的痛苦。第二是个人的无力感；如果这个社会制度中有畅通的管道让小市民去表达他的意愿、去实现他的要求，他就不会郁积到近乎爆炸的程度，就不需要凭靠区区几篇不起眼的文章来发泄他的痛苦。

第二个问题要比第一个还严重得多。因为环境再恶劣，难题再复杂，个人如果有适当的途径去解决问题，觉得事有可为，他总是肯定的、理性的、乐观进取的。反过来说，即使问题本身并不那么恶劣，但是个人觉得他的一切努力都是一条死巷，他的愤懑锁在堵塞的管道中时，人，是会爆炸的。

半年前，有个爱看书的青年因为受不了隔邻女人早晚不断地诵经，冲进了她的屋子拿刀杀她。暴力当然没有任何藉口，但是我们要追究原因：如果这个青年只要打一通电话，警察就会来取缔噪音的话，这件凶杀案是不是可以避免？换句话说，假使这个青年一通一通电话的哀求警察而警察不管，一次一次地劝告诵经的妇人而妇人不睬；那么，你说，他可以搬家——别开玩笑了，台北什么地方可以让人安静度日？于是，日日夜夜受噪音的煎熬，又丝毫没有改善的可能，他到底该怎么办？

苏格拉底那个老头子被判了死刑之后，不愿逃狱，他说："当我对一个制度不满时，我有两条路：或者离开这个国家，或者循合法的途径去改变这个制度。但是我没有权利以反抗的方式去破坏它。"（见《难局》，2 月 5 日"人间"）

不错，苏老头是个循规蹈矩的模范公民，但你是否注意到，做个好公民有两个先决条件：首先，不肯妥协时，他有离开这个国家的自由；其次，这个国家必须供给他适当的管道去改变他不喜欢的制度。也就是说，如果雅典政府既不许他离境，又不给予他改革的管道，他就没有义务片面地做个循规蹈矩的公民。

那么我们的情况呢？台湾的生活环境恶劣，升斗小民所面临的选择与苏格拉底没有两样：他可以离开台湾，但这有太多实际上的困难。他可以"循合法途径"去改变现状——

我们有没有这个合法的途径、畅通的管道？

一位医生来信叙说他痛苦的经历。住宅区中突然出现一个地下铁工厂，噪音与废气使整个社区变色。他从私下的恳求到公开的陈情控告，无所不试，结果，等于零。这个机构说法令不全，那个部门说不是他家的事，警察更说开工厂的人可怜！这位医生伤心绝望地问："政府到底在做什么？法律究竟在保护谁?"

连17岁的高中生都理直气壮地说："反正没有用！我要到美国去!"

你不为我们的前途担忧吗?

这份绝望的无力感是谁造成的?

许多人或许会把箭头指向政府——营建处、环保局、卫生署、警察局等等等，可是我不能，因为我的知识领域狭窄极了；我根本不知道垃圾有几种处理方式、食品进口要如何管制、警力调动要如何分配。我不是专家，没有资格告诉这些在位做事的人怎么去做。

但是和你一样，我是个有充分资格的公民。无力感的根源或许是个鸡生蛋、蛋生鸡的问题；你或许觉得缺乏畅通的管道咎在政府，我却认为，你和我之所以有无力感，实在是因为我们这些市井小民不懂得争取自己的权利，纵容了那些为我们做事的人。咎在我们自己。

大多数的中国人习惯性地服从权威——任何一个人坐在柜台或办公桌后面，就是一个权威。我看见学生到邮局取款，填错了单子，被玻璃后的小姐骂得狗血喷头。这位学生唯唯诺诺，惊恐万分。我也看见西装笔挺的大男人到区公所办事，戴眼镜的办事员冷眼一翻，挥挥手："去去去！都快12点了，还来干什么？"大男人哈腰赔笑，求他高抬贵手。我更知道一般的大学生，在面对一个"拆烂污"的老师时，不是翘课以逃避，就是附和以顺从。

到邮局取款，拿的是自己的钱，填错单子可以再填，学生为什么却觉得办事小姐有颐指气使的权利？区公所的职员，不到钟点就理应办公，大男人为什么要哀求他？学生缴了学费来求知识，就有权利要求老师认真尽职，为什么老师不做好，学生也无所谓？

所谓政府——警察局、卫生署、环保局——都是你和我这些人辛辛苦苦工作，用纳了税的钱把一些人聘雇来为我们做事的。照道理说，这些人做不好的时候，你和我应该手里拿着鞭子，睁着雪亮的眼睛，严厉地要求他们改进；现在的情况却主仆颠倒，这些受雇的人做不好，我们还让他声色俱厉地摆出"父母官"的样子来把我们吓得半死，脑袋一缩，然后大叹"无力"！

连自己是什么人都不知道，连这个主雇关系都没弄清楚，我们还高喊什么"民主、伦理、科学"？

每天清早，几万个衣履光洁的人涌进开往纽约市区的火车到城中上班。车厢内冬天没有暖气，夏天冷气故障，走三步要抛锚两步，票价还贵得出奇。可是因为是垄断事业，所以日复一日，年复一年，人人抱怨，人人还是每天乖乖地上车。一直到史提夫受不了了，他每天奔走，把乘客组织起来，拒乘火车，改搭汽车。同时，火车一误点，就告到法庭去要求赔偿。他跟铁路公司“吃不完，兜着走”。

史提夫没有无力感。

安东妮13岁的女儿被酒后驾车的人撞死了。因为是过失杀人，所以肇事者判的刑很轻，但是安东妮只有一个不能复生的女儿，这个平凡的家庭主妇开始把关心的母亲聚集起来，去见州长，州长不见，她就在会客室里从早上8点枯坐到下午5点，不吃午餐。两年的努力下来，醉酒驾车的法令修正了，警察路检的制度加严了。别的母亲，或许保住了她们13岁的女儿。

安东妮也没有无力感。

我并没有史提夫和安东妮的毅力。人生匆促得可怕，忙着去改革社会，我就失去了享受生活的时间。大部分的时候，我宁可和孤独的梭罗一样，去看云、看山、看田里的水牛与鹭鸶。不过，我们不做大人物，总可以做个有一点用的小人物吧？一个渺小的个人，如你，如我，还是可以发光发热。过程会很困难，没错；有些人会被牺牲，没错。可是，在你没有亲身试过以前，你不能说“不可能”！在你没有努力奋斗过以前，你也不能谈“无力感”。问问史提夫，问问安东妮。

讲“道德勇气”，不是可耻的事，说“社会良知”，也并不肤浅。受存在主义与战乱洗礼的现代人以复杂悲观自许,以深沉冷漠为傲;你就做个简单却热诚的人吧!所需要的,只是那么一丁点勇气与天真。你今天多做一点,我们就少一个 17 岁的说:“反正没有用,我到美国去!”

美国,毕竟不是我们的家。

幼稚园大学

原载于 1985 年 3 月 14 日“中国时报”·人间

有一天，去学生餐厅吃早点，看见校长亲自站在那里，检查学生是否穿着不成体统的拖鞋出来。于是决定写这篇文章。

这是在“中央大学”。“泪眼汪汪”的女生，则是在淡江大学。

这是一班大三的学生：聪慧、用功、循规蹈矩，标准的大学好学生。

看完期末考卷，批完论文报告，我把总成绩寄出，等着学生来找我：零分或是100分，他们总得看着卷子的眉批，与我印证讨论过之后，才能知道为什么得了100分或零分。

假期过去了，新学期开始了，学期又结束了。

学生来找我聊天、吃消夜、谈功课；就是没有一个人问起成绩的事。

有一个成绩应该很好的学生，因为论文的注脚写得零乱散漫，我特意大幅度地降低了他的分数，希望他来质疑时告诉他一个教训：作研究，注脚与正文一样重要。

但是他也没有来。

等了半年之后，我忍不住了："你们为什么不跟教授讨论成绩？"

学生面面相觑，很惊讶我问了这样一个问题。

"我们怎么敢呢？教授会很生气，认为我们怀疑他的判断力，不尊重他的权威。去讨论、询问，或争执成绩，等于是跟教授挑战，我们怎么敢？"

那么，假设教授打了个盹，加错了分数呢？或是一个不小心，张冠李戴呢？或者，一个游戏人间的老师真的用电扇吹考卷来决定成绩呢？

逐渐的，我发觉在台湾当教授，真的可以"get away with

murder”,可以做出极端荒唐过分的事而不致遭到学生的反抗,因为学生被灌输了 20 年“尊师重道”的观念;他不敢。

有一天,一个泪眼汪汪的女学生半路上拦住了我的车子:“有个同学扭伤了脚踝,你能不能送我们下山搭车回台北?我拦了三辆路人的车,他们都不肯帮忙!”

好吧!于是泪眼汪汪的女学生扶来了另一个泪眼汪汪的人,一跛一跛的,进了我的车。

下山只有几分钟的车程,可是车后两个人拼命掉眼泪、吸鼻涕。受伤的哭,因为脚痛,想妈妈;没受伤的也哭,因为她不知道如何处理这个情况。

事实上,这个惊天动地的“情况”只需要两通电话:第一通打给校医,第二通打给计程车行,如此而已。

我很惊异地看着这两个女生哭成一团。她们今年 20 岁,正在接受高等的大学教育。

她们独立处事的能力,还不到 5 岁。

开始的时候,课堂上问学生问题得不到回音,我以为是学生听力不够,于是我把英语慢下来,一个字一个字说,再问,还是一堵死墙;于是改用普通话,再问。我发觉,语言的问题其次,思想的贫乏才是症结所在。

学生很用功。指定的小说或剧本上课前多半很尽责地读完。他能把故事的情节大纲说得一清二楚,可是,当我开始问“为什么”的时候,他就瞠目以对——不知道,没想过。

他可以读十篇爱伦坡的谋杀小说，每一篇都读懂，但不能够综观十篇整理出一个连贯的脉络来。他可以了解苏格拉底为什么拒绝逃狱，也明白梭罗为什么拒绝出狱，但这两个事件之间有怎样的关系，他不知道。他可以说出诗人艾略特对艺术独创与模仿的理论，但是要他对王三庆的仿画事件发表意见——他不知道，他没有意见，他没学过，老师没教过，课本里没有。

我爱惜我的学生；像努力迎取阳光的黄色向日葵，他们聪慧、纯洁、奋发，对老师尤其一片真情。但是，他们也是典型的中国学生：缺乏独立自主的个性，盲目地服从权威，更严重的，他们没有——完全没有——独立思考的能力。

错在学生吗？

当然不是。学生是一坯混沌的黏土，在教育者的手中搓揉成型。从小学到大专联考这个漫长过程中的种种问题，暂且不谈，让我们看看这些“不敢”、“泪眼汪汪”、“没有意见”的大学生正在接受什么样的高等教育。

20 岁的人表现出 5 岁的心智，往往是因为办教育的人对学生采取一种“抱着走”的育婴方式。常常会听到一些大学校长说，“我把学生当自己的儿女看待”，一派慈祥。他也真做得像个严父慈母：规定学生不许穿拖鞋在校内行走，上课不许迟到，周会时要正襟危坐，睡眠要足 8 小时，熄灯前要洗澡如厕，清晨 6 点必须起床做操，讲话时不许口含食物，夏天不可穿短裤上课，看电影有害学业，看电视有伤眼睛，吃饭之前要洗手，等等等。

我一直以为大学校长是高瞻远瞩，指导学术与教育大方向的决策人，而不是管馒头稀饭的保姆，但这也暂且不提。这一类型的教育者的用心，毋庸置疑，当然是善意的，问题是，我们论“事”的时候，用心如何根本不重要，重要的是实际的后果，而教育的后果何其严重！这种喂哺式、育婴式的大学教育刚好吻合心理学家 Levy 早在 1934 年给所谓“过度保护”(Overprotection)所作的诠释：第一，给予过多的接触——“有任何问题，随时来找我”；第二，禁止他独立自主——“你不许……”，第三，将他“婴儿化”——“乖，早睡早起”；第四，把自己的价值取向加诸其身——“你听我的……”。在这种过度呵护的幼稚教育下成长的大学生，遇事时，除了“泪眼汪汪”之外又能做什么呢？

教育者或许会说：这些学生如果进大学以前，就已经学好自治自律的话，我就不必要如此提之携之，喂之哺之；就是因为基础教育没教好，所以我办大学的人不得不教。虽然是亡羊补牢，总比不教好。

听起来有理，其实是个因噎废食的逻辑。这个学生之所以在小、中学 12 年间没有学会自治自律，就是因为他们一直接受喂哺式的辅导，那么大学来继续进行“育婴”，这岂不是一个没完没了的恶性循环？把学生口里的奶嘴拿掉，我们总要有个起点；大学不做，更待何时？再说，我们对大学教育的期许是什么？教出一个言听计从、中规中矩、不穿拖鞋短裤的学生，和教出一个自己会看情况、作决定、下判断的学生——究竟哪一个比较重要？为了塑造出“听话”、“规矩”的青年，而牺牲了他自主自决、自治自律的能力——这是我们大学教育的目的吗？

在生活上，教育者采取怀里“抱着走”的方式；在课业上，许多教书的人就有用鞭子“赶着走”的态度。

就上课点名这件小事来说。以学生出席与否作为评分标准的老师很多，他们的论点是：学生都有惰性，今天我逼你读书，日后你会感谢我。

这个说法也很动人，却毫不合理。首先，我们不应该忘记，开一门课程最根本、最重要的目的在传授知识，而不在铃响与铃响之间清数“少了几头牛”。照逻辑来说，如果一个学生不听课就已经具有那门课所要传授的知识，并且能够以考试或其他方式证明他的程度，那么他就没有必要为了一个人头点名的成规而来报到。归根究底，这个“成规”当初之所以存在，只是为了帮助学生获取这一门知识——让我们在同一时刻同一地点去听同一个人有系统的讲——但是，一个学生，不论原因为何，已经拥有那个知识，那么要他来作充数的形式就是舍本逐末，也是为师者见林不见树的错误。

反过来说，一个学生没有那门知识却一再缺课，教授当然要淘汰他，但淘汰的理由应该是：你没有得到知识；而不是：你点名未到。上课出席率与知识吸取量并没有因果或正比的关系。

为师者“严”，我绝对赞同；愈严愈好。但是那份“严”与“逼”必须在实质的知识上，不在僵化的形式上。换句话说，教授可以用比较深奥的教材，出比较灵活的考题，指定比较繁重的作业，来逼使学生努力。但他如果尊重学生是一个有自主判断能力的成人，他就没有理由拿着鞭子把学生抓到教室里来；充其量，做老师的只能严肃地说：上不上课在你，努力不努力也在你；你要学会如何为自己的行为担负后果。

从小学到高中，我们的学生已经在“鞭策”之下被动了12年，如果最后的大学4年他们也在鞭下长大——他们会长大吗？毕了业之后又由谁来执鞭呢？

这种“赶着走”的鞭策教育贻害极深。学生之所以不能“举一隅而以三隅反”，固然是因为在“抱着走”、“赶着走”的过程中从来没有学过如何去思考，有一个实质上的困难使他即使想开始也不可能。

信仰鞭策教育的人不相信学生有自动好学的可能。于是设置了七七八八的课目，塞满学生的时间。大一的学生，比如说，一星期就有三十多个小时的课。大四的课少了，有些系就强迫学生修额外的学分，作为防范怠惰的措施。

可是我面临一个巨大的难题。

文学是思想；每一小时的课，学生除了必须做两小时的课前预读之外，还得加上三小时课后的咀嚼与消化，否则，我付出的那一小时等于零。文学，也不是象牙塔里的白日梦；学生必须将那一小时中所听到的观念带到教室外面、校园外面，与广大的宇宙和纷扰的现实世界衔接起来。否则，这个新的观念也等于零。

这些，都需要时间与空间，可是学生办不到。他们的课程安排得满满的，像媒婆赶喜酒一样，一场接一场。他们的脑子像一幅泼了大红大紫、没有一寸留白的画。

如果怕学生怠惰，我们应该增加学分时数强迫学生把“身体”放在教室里呢，还是应该加深加重课程的内涵使学生不得不把整个“心”都投入？这是不是又牵涉到一个本末的问题？

我们如果不给学生时间与空间去思考，我们又怎么能教他们如何思考呢？

在外教书的那许多年，我踏出教室时常有生机盎然的感觉，因为在与学生激烈的反应与挑战中，我也得到新的成长。在这里，走出教室我常有被掏空的感觉，被针刺破了的气球一般。学生像个无底的扑满，把钱投进去、投进去、却没有什么惊奇会跳出来，使我觉得富有。

说学生缺乏自治自律的精神，说他们没有独立思考的能力，我其实还没有碰触一个更基本的先决问题：我们的教育政策究竟希不希望教出独立自主的学生来？答案若是否定的，这篇文章便毫无意义，可以烧掉。我是在假定我们的社会有意造就独立自主的下一代的大前提之下写这篇检讨。

可是，如果这个假定的大前提是对的，为什么我们在思想的训练上，还是采取“骑着走”的方式？

一方面，学生懦弱畏缩，成绩有了失误，不敢去找老师求证或讨论。教授解错了题目，不敢指出错误，大家混混过去。对课程安排不满，不敢提出异议。不愿意被强迫住宿，却又不敢到训导处去陈情。私底下批评无能的老师、社团的限制、课外活动的规则，或宿舍管理方式，可是又不敢光明正大地对当事机构表达意见。偶尔有人把批评写成文章，要在校刊上发表——“不必试，会被压下来！”学生很肯定地说：“反正没有用，我毕了业就到美国去！”

另一方面，做老师的继续努力强调“尊师重道”的传统美德，连学生少鞠一个躬都当作对5000年中华文化与民族的背叛。“尊师重道”这四个字在历史上的意义我不去谈，在现代讲究分工与专业的社会里，却很有商榷的余地。“重道”毋庸置疑；对知识的肯定与尊重是教育之所以成为制度的基础。但是“尊师”，如果指凡“师”必“尊”——只因为这个人在这个位子——那就是鼓励盲目地服从权威。到处都有误人子弟的师，有不学无术的师，更有招摇撞骗的师；我们有没有权利要求学生“尊”无“道”的“师”？

学生怯懦畏缩，是他们缺乏勇气，还是我们迷信自己的权威，又缺乏自信，不敢给他们挑战的机会？

我们若真心想培养出有能力“慎思、明辨、笃行”的下一代，为什么又惧怕他因为“慎思、明辨”而对我们的权威造成威胁？

台湾的大学在师资与设备上，比我自己的学生时代要进步得很多很多。中国学生的聪慧、诚恳，与一心想讨好老师的认真努力，常常深刻地感动我。而学生资质愈好，这种幼稚化的大学教育就愈令我焦急难过。办教育的人，或许本着善意与爱心，仍旧习惯地、固执地，把大学生当“自己的儿女”看待，假定他们是被动的、怠惰的、依赖的。这个假定或许没错，可是教育者应对的方式，不是毅然决然地“断奶”，而是继续地呵护与控制，造成一种可怕的恶性循环。

令我忧心不已的是，这些“不敢”、“泪眼汪汪”、“没有意见”、“不知道”的大学生，出了学校之后，会成为什么样的公民？什么样的社会中坚？他能明辨是非吗？他敢“生气”吗？他会为自己争取权利吗？他知道什么叫社会良知、道德勇气吗？

恐怕答案全是否定的。

如果我们把眼光放远，真心要把台湾治好，我们需要能思考、能判断、有勇气良知的公民；在位在权的人必须张开手臂来接受刺激与挑战。如果我们真心要把教育治好，为这个民族培养出能思考、能判断、有勇气良知的下一代，那么办教育的、教书的，就不能迷信自己的权威；他也要禁得起来自学生的刺激与挑战。

把我们的大学生当“成人”看吧！给他们一个机会，不要牵着他的手。

不要遮住我的阳光

原载于1985年3月30日“中国时报”·人间

台北市政府宣称要铸一个比自由女神更高更重的孔子铜像，使我觉得不堪忍受。

“台北实在够糟了！给我们一片青翠的草地，给我们一点新鲜的空气，给我们一个清静的社区，给我们的孩子一个干净的厕所、一个宽广的公园、一个儿童图书馆，但是不要，不要给我们一个会遮住阳光的大铜像。”

15年之后，我发现自己坐在台北市政府的办公室里，不断地跟工程单位的同仁推销什么叫“减的美学”。

台湾是个标语地区。走上街，看见“两个孩子恰恰好”，上了天桥，读到“迎头赶上”，经过电线杆，瞄见“保密防谍，人人有责”，在公车里坐下，猛抬头就是“敬老尊贤”，走进教室，有熟悉的“庄敬自强、处变不惊”，进了厕所，大概是“养成洗手好习惯”，路过公家机关，就看见“民主、伦理、科学”、“检举坏人就是保障好人”。还有一些根本看不懂的：“拼命就是保命”，横挂在车马杂乱的大街上，好像鼓励开车的人要冲锋陷阵。

有没有想过，为什么台湾的标语这么多？是什么人，在什么情况下，努力造出一句话来，然后写在纸上、涂在墙上使我们在生活空间中想逃也逃不掉？他的动机在哪里？

答案当然是，“解决问题”。因为有些人很脏，所以贴个“整洁为强身之本”。有人逃兵役，所以横街挂个大布幔：“兵役是光荣的义务”。因为拼命三郎开车喜欢追撞，所以车窗后贴个“保持距离，以策安全”。因为中国人自信心低落，所以在校门柱刻上“做个堂堂正正的中国人”。每一个标语背面都有一个我们希求解决的问题。而台湾标语之无所不在，又使人相信，大概每一个问题都产生一个标语。

这些标语有用吗？你几时在行色匆匆之余，停下脚步来思索“民主、伦理、科学”？有多少人因为看见“消除脏乱、人人有责”的大字墙，回家就打扫庭院？又有谁看了电线杆上“培养书香社会”的条子，开始读起书来？在“倒垃圾者是畜生××”的牌子下尚且有一大堆垃圾，这些不痛不痒、老生常谈的标语口号有什么潜移默化的效果呢？

中国人重形式、做表面的习性到处可见,标语的泛滥只是一个表征。拿一个极其严重的问题来看:大家都说,现代的中国人对自己缺乏信心,西方的文化只学到皮毛,而且不能消化,自己的传统文化却已完全抛弃。怎么办?很简单!首先,到街头、学校、车站,贴上千千百百个标语:“复兴中华文化!”

然后,在台北市塑造一个比自由女神还要高、还要重的孔子巨像。气魄要大,所以单单铜料就要花一亿元以上。铜像用来宣扬孔子思想、复兴中华文化、改善人民文化气质,更昭告世人,台湾是中华文化的堡垒。

我不是在说笑话;你没看报纸吗?市政府一点没有幽默的意思。

这个庞然巨物建立起来之后,大概会遮掉好大一片天空,使许多住家变得阴暗封闭。冬天的霪雨和市区的污染将为铜像覆上一层肮脏的颜色。铜像边的街道,大概与红毛城四周一样,会有像苍蝇叮肉似的摊贩,而街上的交通将因游客的往来而呈爆炸状态。至于这么一大块铜将如何“宣扬孔子思想”、“复兴中华文化”,我非常迷惑。

如果建个铜像能解决传统失落、自信缺乏的难题,那可好了。我们不是要培养书香社会吗?在基隆港口用水泥塑一本比军舰还大的书怎么样?要发展尖端科技吗?在鹅銮鼻头造个比山还高的塑胶火箭模型吧!要恢复民族自信心吗?何不在玉山顶上刻几个大到火星人都看得见的字:“中国第一”。如果你觉得这些例子很荒谬,那么用几亿元铸个铜像来宣扬中华文化就不荒谬吗？希望一个巨无霸的雕像能解救文化的危机，就好像寄望“在此倒垃圾是狗”的牌子去解决垃圾问题一样的愚蠢。

但是这种形式至上、表面优先的心态以各种方式在各个层面表露出来。学生头发长一吋或短一吋，似乎比他脑袋里的知识来得重要；制服上多一个钮扣或少一个钮扣，似乎比他心智的成熟与否要严重得多。要招徕国际观光客，不先默默地把环境整治干净，把古迹保存原色，把都市环境美化，却先大声嚷嚷“美丽的宝岛”，努力于宣传。听说要推行绿化运动，好，把树林都砍了，水泥铺上去，再用绿色的油漆把水泥涂绿。我们的小学生，上学时有憋一整天不上厕所的，因为学校的厕所太破太臭，但是如果有了一笔钱，学校会先考虑在校门口铸个伟人铜像，不会为孩子造厕所。究竟是见不得人的厕所重要呢？还是光洁体面的铜像重要？你告诉我。

有个朋友在我出国前夕，带来几卷中国画，语重心长地说：“送给外国人，宣扬一下中华文化之美！”我听了只有深沉的悲哀——今天的中国人如此渴求别人的认可？如此盼望别人拍我们的肩膀说：“还可以?!”今日的台湾若真有厚实的文化传统，不需要努力地“宣扬”，人家自然会慕名而来。台湾的内在若是空虚浅薄，我们再“宣扬”又有什么意义？我们这样迫切地要求别人的注意，本身就是一个心虚、缺乏自信的表现。可是缺乏自信便也罢了，何不勇敢地承认自己的心虚与弱点，实实在在地去提升自己！相反的，我们做的是没头没脑的“宣扬”工夫——贴标语、做宣传、铸世界上最大、最重、最高、最贵的铜像……这不是心虚的暴发户心态，是什么？

人瘦并不可耻，可耻的是把自己的脸打肿了来冒充胖子。我们有社会问题与文化危机并不可耻，可耻的是造个大铜像来自我陶醉，宣称自己是中华文化的掌门人。走过阴暗狭窄的小巷，我又看见驼着背的老头坐在板凳上，用枯干的手一针一针缝着一只破旧的皮鞋——他知不知道某个衣履光洁的市府官员要从他口袋里拿出钱去造一个巨无霸的铜像“复兴中华文化”？如果报税单上有这么一个名目，我也会和梭罗一样拒绝缴纳这笔铜像税，我宁可坐牢，也不愿支持这样愚蠢的好大喜功。

台北实在够糟了！给我们一片青翠的草地，给我们一点新鲜的空气，给我们一个清静的社区，给我们的孩子一个干净的厕所、一个宽广的公园、一个儿童图书馆，但是不要，不要给我们一个会遮住阳光的大铜像。

不一样的自由

原载于1985年4月19日“中国时报”·人间

她那个打扮实在古怪,而且难看。头发狠狠地束在左耳边,翘起来那么短短的一把,脸蛋儿又肥,看起来就像个横摆着的白萝卜。腿很短,偏又穿松松肥肥的裤子,上衣再长长地罩下来,盖过膝盖,矮矮的人好像撑在面粉袋里做活动的广告。她昂着头、甩着头发,春风得意地自我面前走过。

她实在难看,但我微笑地看她走过了,欣赏她有勇气穿跟别人不太一样的衣服。

这个学生站起来,大声说他不同意我的看法。他举了一个例子,一个逻辑完全错误的例子。比手划脚地把话说完,坐下。全班静静的,斜眼看着他,觉得他很猖狂,爱自我炫耀,极不稳重。

他的论点非常偏颇,但我微笑地听他说话,欣赏他有勇气说别人不敢说的话。

朋友发了 200 张喜帖,下星期就要结婚了。可是又发觉这实在不是个理想的结合——200 个客人怎么办?他硬生生地取消了婚宴。

他的决定实在下得太晚了一点,但我微笑地撕掉那张喜帖,欣赏他有勇气做一般人不敢做的事,上了车,还有下车的勇气。

简陋的讲台上,披着红条子的候选人讲得声嘶力竭。穿制服的警察、着便衣的监选员,紧张地站在群众堆里。候选人口沫横飞地,把平常报纸绝对不会刊登的言论大声大嚷地说出来。

他举的例子谬误百出，他的用语粗糙而低级，可是我站在榕树阴里，耐心地听他说完，欣赏他有勇气主张与大众不同的意见。

那个萝卜头也许很幼稚，只是为了与别人不同而不同。我的学生也许很肤浅，站起来说话只是为了出风头。取消婚宴的朋友或许有朝三暮四的个性，极不可靠。使警察紧张的候选人或许知识和格调都很低，对民主的真义只有很浅薄的了解。

可是，我想，他们有与我不一样的自由，也有与你不一样的自由。

正眼看西方

原载于1985年5月1日“中国时报”·人间

说台湾非常崇洋?

好像是的。不管货品好坏,一加上洋文包装,就有人趋之若鹜。走进豪华大饭店,侍者对外国客人殷勤备至,对自己的同胞却往往视而不见。有难题存在,总要打上“有碍国际观瞻”的字号才能得到快速的解决,如果有政客来访,记者最强调的,是此人对台湾印象好不好。在教育上,当年背诵“床前明月光”和“臣密言、臣以险衅”的一代,现在忙着送下一代到英语幼稚园读“哈罗,你好吗”。每年夏天一批一批优秀或不优秀的青年乘着一架又一架的七四七到西方去接受头脑与精神的改造。到了彼岸,大部分就不再回头。

可是台湾真的崇洋吗?

好像又不是。一个金发朋友在动物园里看槛栏里的猴子,旁边一个年轻人突然大声说:“哇塞!猴子看猴子!”周围的人愉快地大笑。这位中文非常好的朋友一句话不说地走开。认为西方人是猴子、鬼子、蛮子的中国人可还真不少。中国菜世界第一,中国人会用筷子真聪明,中国人讲礼义廉耻、重伦理道德,西方人却功利现实、人情浇薄。中国的夫妻一夜就有百世的恩情,西方的男女轻薄随便,道德败坏。中国人在制礼作乐的时候,西方人还在茹毛饮血呢!

如果说台湾崇洋的心理很深,那么“反洋”的情绪却一点儿也不弱。写文章的人一旦提到西方的优点,就得赶忙下个注解:“我不是崇洋!”作为招架之用。“崇洋”这个词本身就是个骂人的话,表示我们的社会一方面深深受西方文明的吸引,一方面心底又有很深的排拒感。在这两种冲突的情绪左右之下，就产生许多奇怪的现象。

比如说，如果某个生在台湾的金发小孩说，“我要做中国人，我不要回美国”，或是哪个传教士说，“我热爱中华文化，我把一生献给中国”，我们的报纸会大加喧腾，每个中国人都觉得得意。反过来说，如果一个生于美国的中国孩子说，“我不要做中国人”，或一个留学生胆敢宣布“我热爱美国文化，我要献身美国”，恐怕很少中国人不气愤填膺，骂这个人是数典忘祖的叛徒。也就是说，别人仰慕我们理所当然，我们却绝对不可以钦佩别人。这个心理怎么解释？

许多父母千方百计地把儿女送到国外，以逃避台湾的联考制度。这些父母被指责为崇洋媚外。而事实上，在台湾凡是做父母的，大概心头都有一个解不开的结：希望孩子无忧无虑地长大，可是在教育制度的钳制下，不得不眼看着他眼镜愈戴愈厚、书愈读愈死、精神愈逼愈紧张。如果有机会，哪一个父母不希望儿女能逃过这个制度？在这种情况之下，有父母送子女出去，我们不沉痛地检讨教育制度的缺失，问为什么台湾留不住人，反而拿出“崇洋”的帽子来指责，这不是也很奇怪吗？

挣扎在崇洋与排外两种心态之间，我们有时候就像个同时具有自卑感与自大狂的个人。对人，做不到不卑不亢。许多人对金发碧眼的人固然是讨好赔笑，过度的谄媚，也有许多人特意地表现自尊而故意以傲慢无礼的态度相对。我们的驻外人员有时在签证手续上刁难外人，所采的大概就是“我偏要整你”的心理。在自卑与自大的搅混之下，对事，我们就做不到客观冷静。在讨论台湾种种社会问题时，常发现三种直觉的反应。其一是：“怎么，老说咱们不好，西方就没这些问题吗？”

我可不懂，台湾有的缺点，与西方有什么关系？难道说，好，意大利也脏，所以台湾脏得有道理？墨西哥的污染也很严重，所以我们污染没有关系？别的国家有相似的问题，于是我们的问题就可以随它去？不管西方有没有类似的问题，我们仍旧得正视自己的缺陷，不是吗？

第二种反应是：“你老说欧美文明进步，你崇洋！”这种说辞完全是感情用事。如果有人说欧洲干净，那么正常的反应应该是，第一问，欧洲干净是否事实？第二问，“干净”是不是我们想要的东西？如果两问答案都属肯定，那么第三问：我们如何效法，做到“干净”？整个程序和崇洋不崇洋扯不上一丁点的关系。

第三种常出现的反应，尤其来自官方，是说：“那是西方的，不合台湾实情！”这“不合台湾实情”是个很重的大帽子，一方面骂人家崇洋，一方面骂人家不切实际，一方面也挡住了改革的呼求。什么建议或观念，只要加上“西方”的标帜，就容易以“不合台湾实情”来打发掉。而事实上，凡是“西方”的，不一定就“不合台湾实情”，“不合台湾实情”也不表示不能做。公德心不合台湾实情吧？我们要不要公德心？近代民主是西方的，我们要不要民主？守法似乎也不合台湾实情，我们要不要守法？

这三种反应都很情绪化。我们应该关切的是欧美一些价值观念或行为值不值得我们撷取。如果值得，那么不管西方不西方，都应该见贤思齐，努力地去“崇洋”。如果不值得，那么不管西方不西方，我们都不要受诱惑。但是我们若不能清除掉对西方的情绪作用——盲目地媚洋也好，义和团式的反洋也好——我们就永远不可能面对西方，就事论事，作客观而合理的判断。

当一个西方人说：“在台湾吃东西有中毒的危险，过街有被撞死的可能。中国人脏、乱、嘈杂、粗鲁”的时候，大概没有几个中国人不勃然大怒的，但是我不，因为我知道，当中国人从东南亚或其他地区回来的时候，他们也说：“哇！那边好落后，吃东西有中毒的危险，上街会被撞死。他们又脏、又乱、又吵，真受不了！”“他们”听了又如何？用自家一把尺量天下的，不仅只西方人而已。这个世界，有丑陋的美国人，也有丑陋的日本人、德国人、法国人，你想，就少得了丑陋的中国人吗？

更何况，听到别人批评时，正常合理的反应应该是，先问他说的是否真有其事？若真有其事，如何改进？在听到西方人的批评之后，或者因民族情绪高涨而勃然大怒，或者特别为了讨好西方而快马加鞭，都是不正常的心理表现。

收音机里听到立法委员说：“我们出去考察，发觉欧美国会议员都有助理，我们没有，害我们很不好意思……”说得理直气壮，我听得一头雾水：因为他们有，所以我们也要——这是什么逻辑？但是今天好像这个现象很普遍：纽约有地下车的涂鸦画，台北也要有，不管有多难看。美国有自由女神，咱们也来个孔子大像，不管是否实际。这是心理上的奴隶。反过来，别人出国深造，我偏不出去，我爱国。西方讲开放容忍，我就偏讲保守的美德。西方人谈尊重个人，我就偏说团队至上。西方愈怎么样，我就愈是不怎么样。这，也是心理上的奴隶。我们必须除去这个心魔，才能正眼看着西方——他们反核，我们要不要？他们反污染，我们要不要？他们有休假制度，我们要不要？他们讲性开放，我们要不要？每一件事作客观冷静的、不自卑不自大、不情绪反应的探讨，中国人才有可能从西方巨大的阴影中自己站出来。否则，崇洋或反洋，我们都是别人的奴隶。

“对立”又如何？

原载于 1985 年 5 月 19 日“中国时报”·人间

用了“对立”这个词，好像就等着头上悬着的一把刀子什么时候砸下来。“操国民党”的意思是说，你既然权力一把抓，那么人民不分青红皂白的怨恨也就要概括承受。

“这篇文章能够刊登，也算是一个小小的指标吧?”写这一行，表示我也心虚了。

农林厅与养猪的老百姓本来有一个契约:猪价看好的时候,政府抽成;猪价低落的时候,政府补助。这个政策是否智举在此不论。最近市场奇坏,农林厅采取了一项行动:片面毁约。而后厅长在报上说:希望农民“体谅”政府、“支持”政府,不要控告政府。

台电决定要建核厂,先用了老百姓几百万的钱之后,再来征求同意。反对的声浪掀起之后,台电一方面大做广告宣传,一方面说,请大家“体谅”政府、“支持”政府。

这些政府机械的首长之所以会对民众有这样的要求,当然是因为他们觉得自己有权利作这样的要求。从小学里的公民课本到大街上的海报标语,我们被灌输的观念是:人民对政府要“支持”、要“拥护”、要“爱戴”、要“感激”所谓“德政”。人民与政府的“对立”,是危险的。

这种观念,这样的字眼,不能称为民主吧?!所谓政府,是为我这个市井小民做事的;他凡做一件事,我要用监督的眼光衡量他的效率与成果,做得好,是应该的,做得不好,就得换人。我凭什么要不分是非,没有条件地去“拥护”、“支持”政府!政府必须以实际的行动来赢取我的支持,他没有权利全面地要求我的“爱戴”。事情做得好,更不是我必须涕泪感激的“德政”,是他“分内”的责任。

农林厅片面毁约,能要求受损的养猪户支持吗?政府可以毁约,那么屠宰商是否也可以拒绝缴纳一头猪四五百元的屠宰税呢?屠宰商是否也可以在拒绝纳税之后要求农林厅长

“谅解”与“支持”呢？农林厅如果不作补救的措施，而我们赤脚的养猪户、屠宰商又不诉诸法律，这就表示台湾的民主完全没有生根。

台电的作为就更令人心惊胆跳。不管核厂在生态、经济各方面考虑之下该不该建，它在计划未通过之前，就先动用了老百姓的钱，本身就是一个值得议论的行为。它更在电视的儿童节目里，利用小学生以稚嫩可爱的声音说：“老师说，核电厂对生态没有任何破坏！”台电真的是把我们的民众当傻瓜来处理。

但是我们的民众是不是傻瓜呢？

到大安户政事务所去申请户籍誊本，发觉几十个人背贴背地挤在一个柜台，柜台后只有一个工作小姐埋头苦干，其他部门的人却轻松得很，谈笑的谈笑，吃糖的吃糖。一个戴眼镜的男人把正在踱方步的主任找了出来质问。

“你为什么不能增加人手？”

主任摆出自卫的姿态，不耐烦地说：“上面编制就是一个人，不能增加！”

一个女人扯开嗓门：“那你不能调动别的人来帮忙？你没看到这儿挤得不像话？人家古亭区就不这么糟！”

主任生气地回答：“古亭怎么样与我无关！”

围在他身边的人愈来愈多，一个满嘴金牙的女人大声说：“那个小姐忙不过来，你这个主任就不能过去帮忙吗？你这算什么公仆？”

主任推开群众，走进办公室，砰一声把门关上。

这是令我高兴的一幕。这个主任就是构成所谓“政府”的一部分。像这样缺乏效率、不知检讨、毫无服务观念的政府“官员”当然不少，但是今天的人民已经不是“愚民”。我很欣喜地看着大学生与学校当局热烈地讨论组织章程，大声地提出反对的意见。我很安慰地看见智能不足儿童的母亲集体到教育主管部门去陈情，慷慨激昂地把现行制度对她们的子女不公平的地方一一指出，要求改善。

有指责，有要求，就算是“对立”，那么对立有什么不好？权利是争取来的。人民如果相信政府是一个需要无条件“支持”、“拥护”、“爱戴”的东西，那这政府也真可以为所欲为了。就是要有“对立”的人民，监督的人民，才可能有好的政府。从前教育不普及的时候，或许政府垄断了知识，民众不得不听政府专家的领导。今天的台湾，“在野”的知识说不定比“在朝”的还多，在这种情况下，政府能不经沟通就一厢情愿地要求人民“支持”、“拥护”吗？

“政府”，通常是个很吓人的名词，意味着权威、统治，非常的抽象。事实上，政府由个人组成，而只要是个人，就有个人的偏见、私欲、学识的限制、才智的不足。由各种有缺陷的个人所组织起来的政府，可能“完美”吗？人民怎么可以闭起眼睛来，放心地“拥护”呢？

汤玛斯·曼写过一篇政治寓言似的小说，描写一个魔术师如何用他的意志与伪装彻底地瓦解了观众的意志。他的政治讯息是：如果没有观众的"默许"，这个魔术师不可能得逞；如果没有人民群众的"默许"，任何独裁者也不可能得势。也就是说，民主不是从天上掉下来的，必须经过理性的争取，不懂得争取权利的人民，而受独裁统治，那是咎由自取。

有一天搭计程车，跳过马路上一个大坑，受惊之余，这个嚼槟榔的司机往窗外狠狠吐了口痰，骂了一句："操国民党！"

这个司机完全错了！他可以"操"养工处，可以"操"市政府，但路上一个坑，与国民党这个政党何干？他的咒骂完全不公平。可是，或许有一个可能的解释：他骂党，因为他不知道政府哪一个部门负责哪一桩事，路上有坑的时候，他不知道该找谁负责；换句话说，当他要争取权利的时候（比如行路无坑的权利），他并不知道有什么管道可循。

这是一体的两面：如果政府只一味地要求人民盲目地"支持"、"拥护"，而不清清楚楚地告诉他如何由各种管道去争取各种权利，倒过来，当人民不满的时候，他的指责也就变成盲目地乱指一通。我们要的是敢于面对现实、接受挑战，勇于负责的政府，但是要促成这样的政府，我们更需要有批判能力、有主动精神、有理性的人民；归根究底，实在是一句老生常谈：几流的人民就配几流的政府。这篇文章能够刊登，也算是一个小小的指标吧！

焦　急

原载于1985年6月8日“中国时报”·人间

一天晚上，在淡江校园里，一个不认识的学生突然递过来一包东西，说：“老师，你拿回去听。”他显得紧张，好像在做一件危险的事。

原来是罗大佑的歌。还有一张短笺，学生写着：“老师，我相信您和罗大佑在做同一件很重要的事情，你们应该彼此认识的，但是您要保重。真的。”

很多年以后，另一个学生告诉我，他在淡江行政楼里打工，曾经不小心看见“关于龙应台的档案”。他不敢声张。

为什么老写台湾的缺点？难道你看不出这里有任何一点美好的东西？为什么不说说台湾的好？

朋友这样指责我。

于是我带点罪恶感，走到人头攒动的淡水街头，再深深看一眼。

还有比阿华更好的肉贩吗？他的肉摊子在市场入口第一家。从清晨6点开始剁肉切肉，应该是血肉模糊的木台子却干干净净；他每切一次肉，就清洗一次台面。切肉的时候，专心一致，把皮切开，把肥肉去掉，然后小心地把你要的肉放在秤上，告诉你多少钱，再添上一点瘦肉。包好之后，如果嫌提着太重，他就先把肉放在他的冰箱里，等你回程再取。如果你不懂怎么去清理猪脑，他就做给你看：拿支牙签，很技巧地把表面的血膜一路卷下来，然后告诉你有几种做法。阿华是个卖猪肉的市场小贩，没读过几年书，可是他弯身切肉那个专注的神情，好像手里一块油腻的猪肉是珍贵的木雕艺术，一刀都错不得。他对自己行业的敬重，比一些大学教授还要来得虔诚。

到河边的邮局取信也是件愉快的事。认识你是"淡水人"之后，忘了邮箱钥匙也没有关系，窗后的人并不在意为你走一趟，把信递给你。买邮票少了几块钱也无所谓，下次再带来。如果你有远行，回来时急急探望堆积的邮箱，会发觉整叠整叠的邮件一捆捆扎好，等着你来拿。更好的是，插队的人挤到你前头去时，卖邮票的小姐会很有正义感地坚持先把邮票卖给你。

早上取信之后，我就绕到邮局后面的淡水河堤。10点钟，正是涨潮，水波一浪又一浪地扑着河岸，皮肤黝黑的渔民蹲在地上修补鱼网。对着观音山，我坐在堤上读信，偶尔，水花会溅到信纸上来。如果是黄昏，艳丽的夕阳就把薄薄的信纸映成透明的红色。

在田埂上坐下。戴斗笠的男人卷着裤脚，正吆喝着黄牛拖犁，犁过的地方，黑色的泥土就松松肥肥地翻起来。面貌包扎得严密的女人用一支耙子，小心地在青叶的周围松土。

“你们种什么？”

“高丽菜。”

“真甘苦吧？”

“自己的土地，也没什么甘苦可讲。人就是爱打拼啦！”

黄牛脚蹄沉重地又迈了过来，女人说：

“阿兄，让牛休困啦！伊在喘呢！”

他们的语言，像田里的泥土一样实在，不是我学得来的。他们不吃牛肉，因为牛曾经为他们的土地喘息、流汗。他们用手脚与泥土接触，甘苦不甘苦，这是他们与大地之间生命的契约，没有置疑的必要。

谁说我看不出这块土地的美好？

可是，我确实写不出赞美的文章来；我说不出口。

住在校园中心，通往外界有三条路可走。出了前门是一条短短的下坡路，左边有栋朴素的老庙，飞檐很轻俏地指向天空。右边是青翠的稻田，荷锄的农人站在田心，远远看去像个稻草人。从侧门走出，是条充满蛙鸣与蟋蟀声的山路，通往长满相思树的山丘。夹道的茅草丛和茅草后的水田里藏了千百只生命旺盛的小东西，在夏天的夜晚，忘情地嘶喊。这条路只能散步，不能聊天，因为虫声很放肆。第三条路则从后门出去，路上没有一盏灯，就是黑暗中一条荒野小路。草丛的香味浓得像块固体的香皂。有月光的晚上，这条小径就变成一条白色的带子。

一年过去了，第一条路旁的水田被挖土机填平，拥挤的钢筋水泥楼房像肮脏的章鱼，张牙舞爪地延伸。路面被卡车轧坏了，凹凸不平。建筑材料到处弃置。再过几个月，人家会搬进来，骑楼会塞满货物，摊贩会占据路旁，货车会夹在路中；这条路，愈来愈难走。

蛙鸣的山路也结束了。建筑一寸一寸地把水田吃掉，蟋蟀和青蛙被机器压死。后山上满山遍野的相思林整片整片地被砍掉，花枝招展的墓园像癣一样，到处散布。建到一半又停工的房子露着生锈的铁管，很狰狞地霸占着山坡。

这条路，我不再走，因为每走一次，就发觉相思林又秃了一块。

最后那条在黑暗中仰视月光的小径，也失去了。半年前，草丛深处开始有人堆积垃圾，现在，短短一条路上有七个垃圾丘，一转弯就是一个，半年前丢在那儿的免洗饭盒、汽水瓶、废电池，现在还在那，明年，也会在那。有月光的晚上，垃圾的腐臭混合在逐渐消失的草香里。

阿华的家就在这条小路底。他有四个眼睛圆滚滚的小孩，成天在外面玩；从前在草丛里玩躲蒙蒙，现在在垃圾堆里玩废电池。

邮局后面的夕阳依旧是红澄澄的一轮，很热闹地把河水染红。只是落潮的时候，河床所暴露的垃圾也是一片猩红。

指责我专挑台湾缺点的朋友，是个比我快乐的人。他可以站在渡船头，迎着河风尽情地去受落日的感动，毫无保留地去爱那满天的彩霞。我望着波光潋滟，想的是水中多少鱼已经含汞。望着河上如水上人家的采砂屋，想的是这些采砂商人如何把砂抽走，使得蚌壳没有附着的沙土而渔民要操作十几个小时才能捞起一点点收获，想的是河底的沙如何淤积在河口，造成浅沙风浪，使小船出海有翻覆的危险。望着美得令人心疼的夕阳，我想的是，为什么这样的美景，我却必须站在垃圾的腐臭中欣赏？坐在杜鹃花围绕的阳台上，我想的是，那三条路正一条一条地干枯，好像有人在我的血管末端打了结，好像有什么病毒正一寸一寸顺着我的四肢蔓延上来——我想的是：

这个美好的土地，你正在往哪里去？

原谅我，我真的写不出赞美的文章来，因为我心急如焚。可是，你不焦急吗？

机器人中学

原载于1985年6月26日“中国时报”·人间

有一所中学一口气处罚了 80 个学生，因为他们头发过长。有一个教官在大街上罚学生站，因为学生穿着制服当街吃西瓜。还有一位中学校长，因为学生翘课出去闹事，痛心反省之余，大骂经费不足，未能把破损的校墙围好，所以亡羊补牢第一步，申请经费修墙。更有出了名的复兴中学，因为学生上台吻了异性表演者的面颊而将他们记“暗过”。

一个中学三年级的学生来信：“我们训导主任和管理组长专门检查服装仪容。夏天再热，衬衫的袖口不能卷起来，裙子要过膝。冬天的套头毛衣除了黑、白，不能有其他颜色，镶边也不可以。书包的背带不能太长，也不能太短。夹克的拉链必须拉到底。头发一定旁分，一定要用发夹。发长是用尺量的，多出一点点就要记警告；有刘海或打薄的，要记小过，而且，老师还会把你的头发剪成一边长一边短，后面剃平，作为一种羞辱、一种处罚。”

是谁在作践我们的子女？老师吗？训导主任和管理组长吗？还是高高在上的教育执政者？

老师们，忙着把联考所需要的知识塞到学生脑子里，恐怕没有时间去管学生的袖子是否卷起。训导人员一手拿着一个四方框框，一手拿着剪刀，看到一个学生就用框框往他身上一套，超出框框的发丝、裙角、手臂、头脑，就喀嚓一声剪掉，再记个警告。这种所谓“训导”的目的呢，就是使所有台湾地区所培养出来的十几岁的小孩都长得一模一样——发型一样、穿着一样、举手投足一样、思想观念一样，像工厂的生产线所吐出来一部一部机器。当然并非所有的中学训导人员都是剪刀与框框的信徒；把学生当作有尊严的个人去爱之诲之的一定也很多。可是这些剪刀与框框的信徒究竟错在哪里？

一位管理组长可以理直气壮地说：头发多长、制服怎么穿，又不是我的规定，我只是执行任务，尽心职守。你要骂，去骂“教育部长”好了。

他说得不错，他是用框框去套学生的人，可是制造那个框框的人并不是他。那么这一类的训导人有没有错？那个一口气处罚80个学生的管理组长、那个当众罚学生站的教官，有没有错？当然有！只有机器人才会拿着工具一视同仁地去“执行任务”，一个榔头打一个钉子。中学的训导人员是知识分子，是负有重任的知识分子，他们直接地影响、塑造这整个民族的下一代；他们不应该是，不可以是没有思考力、判断力的机器人。手里拿着一个框框，他首先要问自己：这个框框的目的是什么？女生的头发“为什么”不能过耳？套头毛衣“为什么”不能是绿色？热天里，“为什么”不能卷起袖子？想通框框的本意与目的之后，这个负有训导重任的知识分子还要问：这个框框是否适用于所有的学生，所有的情况？跟我所学的教育的原则与信念是否有所冲突？执行的方式与尺度应该如何调节才不致于使本来是“手段”的框框变成死胡同的“目的”？这个为我们栽培民族幼苗的人更要问自己：我要怎么样运用这个框框才能达到真正帮助学生成长的目标？

学校不是军队，训导人员不是没有大脑的机器人——他要思考、要判断。以“只是执行上面规定”为藉口，只有两种可能：其一，他或许真的没有慎思明辨的能力，其二，他或许有思考能力，但没有勇气去质疑这个框框或改变这个框框。不管前者或后者，这样的人怎么有资格教育我们的下一代？没有思想、没有胆识的机器人能教出什么样的下一代？

归根究底，当然要问：是谁做的框框与剪刀。除了位高权重的教育决策者还有谁？但是这些部长、厅长、局长也可以理直气壮地说：我才上任几年，这个框框是传统移交下来的，不是我，是别人。

这个说法可以接受吗？笑话，当然不可以。一个策划百年大计的人，上了台之后就应该细心审视这个由来已久的框框：它应不应该继续存在？它有没有改革的必要？它合不合乎他个人的教育理念？如果他什么都不做，萧规曹随，就等于说，这个框框是他做的，是他把它交给每一个校长、训导主任，每一个教官、管理组长，去套在学生头上。他要负最终的责任。

那么，究竟这个框框有什么不好呢？这个问题比想象中要复杂得多。限于篇幅，我暂且不理论为什么中学生头发非是个倒过来的西瓜皮不可，也暂且不追问为什么不可以穿着制服吃西瓜，为什么不可以把衣袖卷起来等等细节。这种压制性的“管训”教育有两个比较严重的问题。第一是不合理的、僵化的形式主义。认定了凡是合于框框的（头发短、裙子长、书包带子刚刚好）就等于“操行良好”。凡是不合形式的

（头发中分、裙不及膝、穿绿色毛衣），就是“品行不好”。头脑再简单的人也看得出这两个等号画得不合理。人的品行是多么深奥复杂的东西，哪里是头发的长度能够代表的；说起来像笑话，在中国台湾的学校里却是件教育大事，真令人瞠目结舌！学生的内在本质似乎无关紧要，紧要的是外表、是形式：样子对了就可以了。这种僵尸式的教育，实在可怕！

“管训”框框的第二个问题恐怕有许多训导人员不愿意承认，是个权威的问题。这个框框是成人用来证实自己权威的工具。当一个教官在震怒之下把学生头发剃掉或罚跪罚站或记学生过，他所愤怒的原因，大概不会是因为他觉得学生发型太难看，而是因为学生没有尊重“校规”、服从师长命令，越过了那个明令颁布的框框。头发长只是表面上的因素，潜在的因素是：学生没有服从我。校规合理与否并不重要，师长的尊严、权威却不可以破。这个框框像个紧箍，紧紧地夹在学生头上，一有越轨举动，教官就念个咒，让学生得点教训，学习服从权威的重要：一切都是为了你好……

这里我发现一个极大的矛盾。一方面，我们的教育者也的确希望造就出类拔萃的学生——我们也有科学奖、才艺奖等等。报纸特别喜欢报道中国人的孩子在美国如何如何地表现优异，什么人得了总统奖，什么人得了西屋科学奖，什么人年纪轻轻就上了大学，居然都是台湾过去的小留学生。我们的教育者与父母羡慕之余，不免心里有点狐疑：同样的种，为什么一移植就大放异彩？是我们的教育土壤有问题吗？

问题可多了，这高压性管训教育就是问题之一。教育者一方面希望学生在学问上精益求精，也逐渐领会到启发式教育的重要。许多老师也开始鼓励学生活泼地思考、大胆地创新、勇敢地质疑。可是同时，在行为方面，管训导的人却仍旧努力地把学生压制在框框里，处心积虑地要把他训练成一个中规中矩、言听计从、温驯畏缩的“好”学生。而矛盾就在这里：一个在知识上能够活泼地思考、大胆地创新、勇敢地质疑的聪明学生，可不可能同时在行为上是个中规中矩、言听计从、温驯畏缩的所谓“好”学生？如果他敢在课堂上表示物理老师对流体力学的解释不够周密，他难道不会对训导主任追问他为什么不可以穿着制服吃西瓜？反过来说，一个老师说一他不敢说二的“乖”学生，他可能把老师的实验推翻而自己去大胆创新吗？

教育者所不自觉的矛盾是：他们在“智”育上希望学生像野兔一样往前冲刺（当然也有为人师者希望学生在智育上也如乌龟）；在所谓“德”育上，却拼命把学生往后拉扯，用框框套住，以求控制。这两者其实不能并存。有高压式的“德”育，就不可能有自由开放的“智”育，换句话说，我们如果一心一意要培养规矩顺从听话的“乖”学生，就不要梦想教出什么智慧如天马行空的优秀人才。“庸才”的“德”育之下不可能有真正的“智”育。

所以我对这个僵死的紧箍咒框框其实没有什么成见。我们的教育决策者如果不介意或者甚至于有意培养出一代又一代易于控制操纵的机器人，这个框框很实用、很有效，越紧越好。但是如果制造机器人并不是我们的长程计划，如果我们想为这个民族栽培的其实是思考活泼、创新大胆、质疑勇敢的下一代，那么这个掐死人的框子就非解开不可。“吻颊”事件发生之后，报纸舆论固然批评学校过分保守，却称赞“教育部”“不干涉”的态度，我很不能理解：这样反人性、反理性、反自然的虚伪教育，怎么能够“不干涉”？难道我们的教育决策者在鼓励这个高压管训的框框的拴紧？我们到底要一个什么样的未来？

台湾的父母，你又要你的子女受什么样的教育呢，小小年纪就送到外面去也实在不是办法；还是在这个又脏又乱又挤的台湾“知其不可而为之”吧！制度是可以改变的，但是没有人的争取与努力，当然就是梦想！

我的过去在哪里？

原载于1985年8月6日“中国时报”·人间

不，做梦也没有想到，15年后，我会亲自去为保存台北的古迹而作战。我上法庭控告古迹的破坏者，我让警察24小时守护可能遭破坏的古迹，我把被纵火成灰的古迹一砖一石重建起来。别人说我“凶悍”，现在回首“野火”，不禁哑然失笑，原来啊，那个未来的轨迹早就在这里画下。

大有为的台电要在立雾溪建水坝，很多人反对。桃园神社差点被拆了，报纸舆论喧腾了一阵。高雄市的古墙被怪手毁了一段，社会上议论纷纷。这两年来，保护自然、维护古迹似乎成为最新的流行：前年人人穿洞洞装，去年个个穿牛仔裙，今年大家都来谈“文明”。而台湾为什么要维护古迹呢？报纸说，是为了保持“国际形象”，不能让西方人觉得中国人没有文化。

动不动就搬出“国际形象”来作为自我督促的标准，泄漏了台湾目前一种缺乏自信的心态：我这样做，别人（西方人）会怎么想？于是一面揣测西方国家的思考模式，一面小心翼翼地决定自己该怎么做。西方讲究人权，所以我们处理政治案件要特别慎重，西方人爱护野生动物，所以我们要节制吃老虎鲸鱼的欲望；西方人珍惜古迹，所以我们也得有一两样，不能太落后。一切一切的努力，都为了一个大目的：避免别人轻视我们，在国际舞台上不丢人现眼。

这种心态有时候还真有点好处。比如说，有国际的瞩目，我们的司法单位与情治机构在政治人物的处理上就格外求公正合法，使公民人权获得保障，这是意外的收获。可是如果我们有自剖的勇气，我们就不得不承认这种向国际求好的心态其实可悲可叹：讲人权难道不是为了我们自己言论、思想的自由？生态保护难道不是为了我们自己的子孙幸福？维护古迹难道不是为了我们自己文化上的需求？在“国际形象”的大旗下，好像人权、自然、古迹等等都只是西方人的标准，而我们只是应付应付，做出一副“文明”的样子来对国际做一种交代。

台湾的英文报纸曾经刊出一封在台外籍人士的读者投书，呼吁我们赶紧保护自然、维护仅存的古迹。这封信马上就得到一个中国读者的反应，他说，西方人要台湾保持自然与古迹是别有用心的，他们自己工业发达，现在要落后地区“存真”其实在防止我们迈入“开发地区”之林，所以我们不要上当。所谓自然与古迹都是西方人的口味，台湾需要的是开发！开发！开发！

让我们暂且只说古迹。古迹真的只是西方人的需求吗？我们自己究竟有没有需要？如果没有，就是为了“国际形象”这个外壳，它值得我们努力吗？你去街头问问那个卖青草茶的老头：桃园神社跟他有什么关系？或者去问树下那个正在嚼槟榔的少年郎：高雄古墙拆了怎么样？或者，停下片刻，诚实地问问自己：多一栋、少一栋所谓古迹，究竟与我何干？

卖茶的老头大概会说“嗯宰样啦！”嚼槟榔的少年大概会坦率地说：没关系啦！而受过教育、思想复杂的你，沉吟片刻，大概会说些“国际形象”、“文化遗产”、“慎终追远”等等有学问的话来。

可是“国际形象”、“文化遗产”、“慎终追远”又怎么样？你刷牙时要“国际形象”吗？上厕所时带着“文化遗产”吗？摩托车在烈阳下抛锚时你“慎终追远”吗？如果把这些冠冕堂皇其实空洞而模糊的字眼除掉，我们究竟有没有什么迫切的、真实的理由要保护古迹？

阿弗瑞是个德国人，今年 80 岁。他带我去看他的故乡小镇。

“这栋房子三楼第二个窗，是我出生的房间。”他指着那栋红瓦白墙的建筑，“我的母亲也在同一个房间出生的。”沿着窄窄的石板路就来到古修道院的门墙，厚厚一层青苔柔软地覆在颜色斑驳的石墙上，嫩嫩的青草从墙缝里长出来。

“墙里头埋着一个 12 世纪的诗人，以歌颂花鸟出名，还是咱们本家呢！”

阿弗瑞要我走到转角，摸摸看第二排石块是否有个小小的凹孔。

“大概三四岁的时候，父亲每天清晨牵着我的手沿着石板路到修道院散步。每次到这个转角，他就会蹲下来对我说：那边第二排石块有个小小的凹孔，摸摸看里面有什么！我兴冲冲地跑去伸手一摸，凹洞里真有一颗花生米或巧克力糖，又是惊奇又是快乐。一直到五六岁了，才突然开窍，大概不是圣诞老人偷偷放的……我的孙子却还以为花生是洞里长出来的——”

我伸手摸摸，青苔有点湿润，那个凹孔依旧在，浅浅的一点。这个驼着背、拄着拐杖的老人正眯着眼睛怀想他的父亲。石板路再转个弯，就到了他家的墓园；石碑上刻着他父亲、母亲的名字，空白的石碑留给阿弗瑞自己；几丛玫瑰随着风摇荡，飘着若有若无的香气。

我也曾经回到我生长的小镇上，可是找不到一条走过的路、住过的庭院，爬过的老墙、认识的坟墓，更看不到一丛似曾相识的玫瑰。可是你说，怀旧也只是流行病，没有“过去”又怎么样？没有过去，就没有情感的羁绊。你为什么把情人给你的野菊花小心地夹在书页里？20年后的某一天，在枯干的花瓣不经心地掉下来的那一刻，你对人生与爱情会没有特别的感悟吗？枯干的花瓣就是古迹。没有过去，我们就无从体认现在，创造未来。卖青草茶的老头的子孙如果有机会抚摸先人卖茶的木制推车，与青草茶的“过去”比较，他才能了解属于他的“现在”有什么样的意义，也才能决定他所追求的是怎么样的一种未来。盛青草茶的陶瓮与木车就是古迹。

我嫉妒80岁的阿弗瑞，因为我也希望能牵着幼儿的手，走下一条青青石板路，告诉他第三株庙柱的雕龙嘴里有一颗陈皮梅。我也渴望能站在斑驳的坟头看鲜红的玫瑰花怒长，痴迷地回想当年的母亲如何牵着我的手走下一条青青石板路。没有过去，现在就没有意义，未来就没有方向。古迹，对我而言，不是一个模糊的概念、流行的装饰；古迹，是我切身的、不可置疑的需要。

苏南成市长拿怪手把高雄的古墙给毁了。他说，如果处处保存古迹，我们岂不是走着碰着的都是古人东西！这是闭眼说瞎话。台湾几十年来所做的是恨不得把整个土地翻过一次，消灭过去所有的痕迹，古迹根本难得，苏市长居然担心太多。至于说，这么长的城墙，只去了一点点，不值得大惊小怪——这是无知。因为你用这个理由切掉这一寸，下一任市长可以用另一个理由切掉那一寸；一堵墙能禁得起几次的切割？苏市长又说，毁墙没错，错在执行小组技巧不当。这样说，就是市长无能，督导不当，也不是什么可以原谅的藉口。更重要的是：苏市长罔顾法律，因为那堵墙已是“内政部”选定的“古物”。

苏市长过去的政绩告诉我们他是一个敢作敢当，不怕恶势力的公仆。在我们台湾地区，这样的人才实在太难得，我们一定要特别珍惜。可是珍惜并不表示我们就该姑息他的错误。在这次古墙事件中苏市长所表露的无知无能，就应该受到指责与纠正，“内政部”说要“淡化”处理，是是非不明、不负责任的态度，苏市长以他直率的一向作风，更应该承认错误，从错误中学习教训。

古迹，不是西方人的专利，不是文明的装饰，更不是争取国际形象的手段。古迹，是一面镜子，一个指标，把我们的过去，现在，与未来联系起来；没有古迹——没有书页里的花瓣、青草茶的陶瓮、桃园的神社、高雄的古墙，我们便只是一群无知妄大的盲人。

可是，为什么一个中国人需要写这样的文章呢？历史悠久的中国人？

以“沉默”为耻

——为高雄市民喝彩

原载于1985年8月25日“中国时报”·人间

这一出戏精彩极了！台上有三个主角：一是刚刚上任的大头市长，一是热衷连任的市议员，再就是“生气”了的高雄市民。

苏南成当然知道他为什么派任为高雄市长：他有魄力、有勇气对准了脓包下刀。在台湾追求高等生活品质的过程中，环境污染是最臭的脓包，所以他要大刀阔斧地去整治。高雄的市议员团体却有不同的算盘。选举日迫近，选票最重要。摊贩是不是社会脓包根本无所谓；一个摊贩就是一张选票，非保护不可。大头市长又是个外来客，这个时候不欺负他，更待何时？

报纸上描述议员如何团结起来攻击市长罔顾摊贩“民生”，来旁听的摊贩集团如何鼓噪叫好，市长如何抱歉——软弱的抱歉，他惟一的支柱是：整理环境是政府的政策，他只是在执行“上面”的政策而已！

作为观众的我，在台下忧心忡忡：坏人的声音这么大，沉默的大多数要沉默到什么时候？这片面的“民主”继续演下去有什么意思？

然而，“哐啷”一声，高雄市民也跳上台了。写信的写信，打电话的打电话，明明白白地昭告世人这出戏里究竟谁扮演主人：我们市民要干净的环境，我们市民要安静的社区；大头市长所执行的不是“上面”的命令，而是“下面”——就是我小市民——的意愿。你别忘了你今天在台上有个角色演只是因为我让你上去演！别忘了谁是老板！

真是大快人心的一场戏。我为每一个写过信、打过电话、表过意的高雄市民喝彩。常有人说:台湾不能实施真正的民主,因为台湾的人民还没有那个水准。这次高雄市民的表现可以作为对这种说法的反证。我们的人民显然渐渐了解到"沉默的大多数"其实是一种罪恶。排队买票时,真正可恨的并不是那一两个插队的人,因为他们是少数;真正可恨的是那一长排、几十个耐心排队的人眼睁睁看着少数人破坏秩序而不说一句话!没有勇气说,没有正义感!而走出车站时还要抱怨:没有用哪!乱糟糟,没有用哪!

中国人到欧洲旅游,常常赞叹欧洲环境的幽雅清净,欣羡之余,却不曾想到,美好的环境并不是从天上掉下来的,而是经由每一个公民的努力争取来的。一个德国市民走在街上看见一个坑,他会生气市政府保养工夫没做好,会打电话去要求立即地改善。具有这种态度他必须先有两个基本观念:第一,他是主人。城市的美好要靠他的督促来维持,政府受雇于他,就有义务把事情做好。第二,他不能"沉默",他沉默,就不可能有任何进步。

几流的人民就有几流的政府,就有几流的社会、几流的环境,这话一点也不错的。环境脏乱恶劣,就表示这里的人民没有能力创造美好的社会。我们是几流的人民呢?高雄市民拒绝作"沉默的大多数"是个令人欢欣鼓舞的指标。不,沉默不是美德,是耻辱。

啊！红色！

原载于1985年8月29日“中国时报”·人间

这还是个恐怖的年代，而且不知道它何时会结束；你常听见人们耳语，说哪个播音员在播报时咬错了一个什么字，或者放错了一段音乐，引起“红色联想”，所以人就消失了。

“美术馆长是个艺术工作者，还是政战官？”一句话，引来“一群政战官”在《青年日报》上投书，强烈批判龙应台“侮辱政战官”，“对台湾的认识”有问题。

这样性质的批判语言，使朋友们紧张起来。开始劝我“小心”。

不久，“政战部”就来讯息了，要约我“吃饭”。

“野火”出书之后，接到现职的“政战官”来信，告诉我他收到指令，《野火集》在军队里明令禁止，可是在收到禁令前一天，他还在和弟兄们讨论“野火”文章，所以现在不知如何是好。

美术馆长是个艺术工作者，还是政战官？

如果新闻报道没有偏差的话，那么事情是这样的：李再钤的雕塑作品在市立美术馆展出，有人投书认为作品漆成红色有点像中共的红星；苏瑞屏馆长从善如流，立即把该作品花了8 000元改涂成银色，遭致雕塑家本身的抗议。这是一件小事吗？我认为非常严重，因为“小事”暴露出两个文明社会所不能容许的心态：第一是对艺术的极端蔑视，第二是极权制度中才有的政治挂帅。

不久前我收到一份“中国天主教文化协会会讯”，发觉其中转载了《野火集》中一篇文章《正眼看西方》。文章是我的，名字也确实是我，但是内容中突然出现一段奇怪的话：“基督宗教——天主教、基督教的信奉，因为先在西方，而我们就认为是洋教，不宜信奉，其实，天主子耶稣基督，人类的救世主，原来降生在中东……”这段话不露痕迹地混进了我的文章，却不是我写的！但是任何读者都看不出来这段文字不属于原文。

这份天主教刊物不曾在事先与报社或作者取得转载许可就径行刊登别人的文章，这是对别人知识财产的一种掠取行为。而涂改作品、穿凿附会以达到利于自己的目的，这对于读者是欺骗，对于作者，是栽赃。如果一个宗教团体可以涂改我的文章，那么一个有政治野心的团体也可以在我的文字中插进它的宣传用语——身为作者的人，要如何向世界澄清他到底写了些什么？文字的后果又由谁来负担？

我相信天主教协会涂改我的文章并没有恶意，但这样的行为所透露的，是对创作者极端的蔑视。作为一个写作的人，我要为所写的每一个字负责；每一篇文章都是我全心全意的努力与我所有智慧的集合。恣意地涂改作品是罪行，也是侮辱。李再钤的作品如果是红色的，那么他一定有他最真切的理由；只有那一个颜色能真实地表达出他创作的意义，换了颜色，那个雕塑品就不再是他的作品。苏瑞屏擅自涂改了一位艺术家的创作，就好像天主教协会私自改了我的文章一样，那篇面目已非的文章不再是我的作品，红色变银色的雕塑品也不再是李再钤的心血。这个行为叫做欺骗，叫做盗窃。天主教协会这样做，我觉得只是欠考虑的结果，或许可以原谅；一个美术馆馆长做出这样的事来，却实在令人难以置信！

更令人忧虑的是，这个涂色"小事"很明白地显示出来，台湾的艺术仍旧笼罩在若有若无的政治阴影里。首先，我们有这么一个人逛到美术馆去，他看的不是艺术品本身，相反的，他看到这么一件红色的作品，马上兴起政治的恐惧（害怕雕塑家是共产党？害怕红色对观看人有洗脑作用？害怕共产党为这个作品拍照作宣传？）而给美术馆写这封疑神疑鬼的信。

其次，我们又偏有这么一位不用大脑的美术馆长。她涂改作品的动机大致上只有两个可能：第一，她也同样有这位投书人的恐惧；因为同意红色有政治危机，所以改色。第二，她并不同意投书人的说法，但为了避免“有关单位”可能会有的敏感，为了自己是“官”的身份，以为涂改颜色是最保险、最省麻烦的办法。

而最后，还有雕塑家本身。在他的抗议中，他说，只有一个人投书，怎么能算！意思就是说，如果有两个人或一百个人投书认为红色有“政治”，那么涂改颜色的行为就不算错。

这个涂色事件由三个人共同演出：市民、文化官吏，与艺术家。三个人中，没有一个觉得政治干涉艺术有什么根本上的不对。这是怎么回事？投书的市民患有恐惧症，我们可以说，他只是不懂得艺术独立的重要，可以谅解。那么苏瑞屏呢？她有没有受过任何艺术训练？她了不了解作为一个美术馆长有什么样的责任？她是政战官，还是艺术工作者？至于作品受到涂改的李再钤，难道他真的认为，多几封投书，政治就有理由控制艺术吗？

这真像个指鹿为马的社会。

不会“闹事”的一代

——给大学生

原载于1985年9月3日“中国时报”·人间

用“闹事”二字，把国民党因学潮而丢了大陆政权的恐慌记忆都勾回来了，编辑和我商量，用这两个字，很可能会真的“出事”，会“爆”掉，那么继续写，继续发挥影响的空间就会失去。

我舍不得放掉这两个字，因为，它很关键。

我们决定冒险。

过了不久，“教育部”来电话：“龙教授介不介意和‘部长’见个面聊聊？”

今年5月27日的《纽约客》杂志有这样一篇文章：

我的母亲生在柏林，侥幸逃过犹太人的大屠杀。今年母亲节，我请她去看场电影。这部影片非常卖座，故事好像与非洲的黑人有关。排队买票的行列很长。有一个年轻白人在行列间来往发散传单，劝大家不要买票，因为这部片子是南非制作的。排队的人大概都想的和我一样："看不看由我自己决定，不用你来告诉我。"所以没人理他。

入场之后，灯黑了电影正要开始，前座的两个年轻女孩突然站起来面对观众，大声地演讲，解释这部影片如何地蔑视南非黑人的惨境，希望大家抵制。观众中嘘声四起，有人不耐烦地大叫："这里是美国；你要抗议到外面去！"也有生气的声音喊着："我们付了5块钱电影票，让我们自己决定爱看不看！"偶尔有个微弱的声音说："听听她们说什么也好！"但是群众的喊声愈来愈大："出去！出去！出去！"

坐在我身边的母亲显得很难过，她转身对我说："这两个年轻女孩竟然愿意花10块钱买票进入一个人人喊打的地方来——或许她们真有点道理也说不定。"

在大家的鼓掌声中，戏院的工作人员很粗暴地把那两个女生架走了。灯又黑下来，但是没几分钟，一个年轻人，带着浓厚的英国腔，站起来说："这是一部充满种族歧视的影片——"愤怒的观众打断了他的话，有人在叫警察，但这个青年毫无惧色，继续大声说："你们不让我把话说完，我是不会走的!”群众喊着:“滚蛋! 滚蛋!”好不容易,来了两个警察,笑容满面地把那家伙给请了出去。

观众情绪还没有完全稳定下来,一个二十来岁、一脸胡子的小伙子在后排突然站了起来,说:“不不,我跟他们不是一道的;我跟你们一样买了票纯粹来看戏的。我只是想到,或许对于这样一个影响千万人一生的问题,我们应该有个坚定的道德立场,而不只是追求消遣而已。如果50年前的人也像刚刚这几个人这样对被迫害的犹太人执着的话,我的祖父也许可以活到今天,不至于死在德国的煤气房里。”然后我就听到一个非常熟悉沙哑的声音突然响起:“他说的一点不错;你可别想叫我闭嘴!”我发觉我64岁的老母亲站了起来,面对着整个戏院;她全身在颤抖。

这一则不起眼的小故事可以招引出许多值得争议的问题来。比如说,这几个为道德感所驱使的年轻人有没有权利阻止别人看这部“种族歧视”的电影?如果我也在戏院里,我会是愤怒的群众之一,叫他们“滚蛋”主要的原因是,他们没有权利主宰我的思想——这个电影究竟如何要由我自己看过了再作决定。其次,如果这一撮以“道德感”为理由的小团体能打断我的电影,那么,一个宗教团体、政治党派、商业集团等等,都可以肆意地来强迫推销它的理想,那个人还有什么自由自主可言?

南非的是非善恶也是个棘手的问题。它的种族隔离政策现在是千夫所指，万人唾弃。南非的白人简直是20世纪的污点。事情的另外一面却是：南非若由黑人自决自主，恐怕歧视与屠杀会比现况更为剧烈——看看乌干达！看看整个非洲大陆！

但是《纽约客》这篇短文令我沉思许久的，却是这几个年轻抗议分子的行为。他们不算少数；哥伦比亚大学在南非有金钱的投资，哥大的学生也曾经热烈地示威过，反对学校当局"善恶不分"的和稀泥作风。而在戏院里"捣乱"的这些年轻人，事实上是一次一次地花5块钱买票——对学生而言，5块钱不是个小数目；进到戏院去让群众嘘骂，然后一次一次地被踢出来。这些人中，当然难免会有少数是为了幼稚的英雄主义或纯粹嬉闹，但大部分的，是为了一个道德立场，择善固执的理想。在一个人决定到戏院去"闹事"之前，他必须先具有三个条件。第一，他关心这个世界；因为关心，所以才会去注意南非黑人的困境。第二，他能作价值判断。对南非种族问题的报道纷纭不一，他得自己决定站在黑白哪一边。第三，他有充分的道德勇气，充分到促使他付诸行动的地步。于是，他走到戏院去买票；5块钱，他很可以拿去溜冰或吃掉。

我们的年轻人呢？或者，缩小一点范围，我们的大学生呢？有多少人具备这三个品质？

就我有限的观察，非常、非常的少。以对社会的关心而言，我们的学生在大学的四面围墙里自给自足地活着，不常把头伸出来。几个月前，当14位省议员集体辞职时，我曾经对几百位学生作过测验，要他们写下议员辞职的原因，结果正如预料，有少数给了支离破碎而模糊的答案，显然是浏览报纸后的残余印象。百分之八十却很率直地回答："不知道！"

为什么不知道？当然是因为缺乏兴趣，不关心。坊间杂志选出来的大学校园"美女"，被人问到社会问题时，娇滴滴地说："好可怕哟！"吐吐舌头。这样"可爱"又"纯洁"的大学女生为数不少，而且讨人喜欢。我们的学生不仅只对台湾本身的社会、政治问题印象模糊，对台湾以外的国际情况就更陌生了。伊索匹亚的饥荒、乌干达的政变、南美的游击战、天主教廷对堕胎与离婚的立场、菲律宾的军队暴行等等，都不存在，都没有意义。

没有关心，自然没有作价值判断的需要。根本不知道南非有严重的种族问题。当然就不必去思索谁是谁非，因为无从思索起。没有关心，也就无所谓道德勇气和道德行动。非洲的幼儿可以死光，南美的军队可以强暴妇女，因为事不关己。海山的煤矿可以一崩再崩，桃园的古迹可以拆了又拆，内湖的垃圾山可以烧了再烧，事不关己。大学 4 年之中，只有两件值得关心的事：一是把朋友交好，以后有结婚的对象，一是把功课读好，将来有满意的出路。对社会的关心，对是非的判断能力，择善固执的勇气，都不在大学的围墙以内。

换句话说，我们的年轻人天真、单纯、听话；他们绝对不会到戏院里去"闹事"。

为什么大学生的关心面那样狭窄？主要原因之一是，他的环境不鼓励，甚至于试图阻碍，他对书本以外的兴趣。大概很少有父母没说过这句话："你只要把书读好，其他什么都不要管！"大学以前这样说，为了应付联考。进了大学之后这样说，为了应付留考、托福、高考、研究所入考等。"只要把书读好，其他什么都不要管"这个金玉良言是应现代科举制度而产生的。读书的目的在求技能，用来敲开一层一层考试的门。研读哲学、历史、文学、经济等等，都不是为了增加人生的智慧与了解，而是为了取得谋生的技术。因为这种技术与人生无关，所以可以"什么都不要管"。

可是这个金玉良言实在是经不起考验的。在"其他什么都不要管"的前提下，书，根本就不可能读得好。比如读经济，一个学生可以用课本里的各种定义与学理来解释"通货膨胀"，可是要他分析为什么公务员的薪水要加百分之八他却目瞪口呆，我们能说他书读好了吗？比如读文学，他可以熟读奥威尔的《一九八四》，洋洋洒洒地写篇论文讨论制度与个人的关系，但是要他对江南案件提出看法，他却一片空白，我们能说他把书读通了吗？

这个大千世界可以说是各个学科的实验室。学生在黑字白纸之间所学到的理论与例证，都是抽象模糊的，只有在把知识带到人生的实验室里去观照验证之后，知识才能落实。要我们的学生封闭在大学的围墙里"其他什么都不要管"，等于是把学问与人生割离，也等于要学游泳的人在岸上靠图解学游泳，却不沾水，或学解剖的人在暗室里看幻灯片学解剖，却不动刀子。

我们的学生不会“闹事”，因为“闹事”的人要先有自己的主张——不是报纸社论，不是老师的看法，同学的意见，而是自己的主张。对我们单纯、天真的学生而言，独立作价值判断却是件非常困难的事。为什么？

高三那年，开始上三民主义。有个沉闷的下午，我在课本中看到一句话：“三民主义是最适合中国人的主义。”

就这么一句斩钉截铁的结论。我以为自己漏掉了编者解释引证的部分，把课本前前后后翻过，却找不到任何阐释。17岁的我坐在书前，感觉到深深的挫折：要达到这样一个结论，课本编者应该一步一步来，先解释中国人是怎么样的一个民族，然后说明其他主义如何的不适用于中国社会，最后才能逻辑地演绎出“三民主义是最适合中国人的主义”这个结论。可是编者显然觉得这些辩证的过程毫无必要。

第二天，在课堂上我请求老师解释“为什么”。

老师很惊讶地望了我一眼，好脾气地一笑，回答：“课本这么写，你背起来就是。联考不会问你为什么。”

在我早期的求知过程中，这个小小的经验是个很大的挫折。基本上，课本编者与授课老师并不认为学生有自己作判断、下结论的能力，所以才会有这种“你别问为什么，记住我的答案就行”的态度。他们因此所剥夺于我的，是我求知的权利与独立判断的能力。

现在的教育方式和过去没有太大的改变,我们的教育者仍旧习惯于供给"结论",仍旧不习惯供给学生"方法",让他们自己去找结论。最能够反映这种现象的莫过于作文题目了。多少年来,任何考试中,学生面对的总是什么"学问为济世之本"、"忠勇为爱国之本"、"一分耕耘、一分收获"、"满招损、谦受益"之类的金玉良言。所谓金玉良言说穿了,也就是死了的人交代下来的"结论"。出这种约定俗成的题目可以塑造学生的思想,使他更紧密地成为传统的一分子,有它教育的意义。但是这种思想传递根本上就不容许独创,不容许学生下自己的结论。如果教育者真正的兴趣不在于学生对传统的妥协与认同,而在于他独立判断的能力,那么同样的题目就应该以疑问的方式出现:"一分耕耘确能导致一分收获吗?""你是否同意学问为济世之本?"或者以挑战的方式:"试辩论'忠勇为爱国之本'一说。"

只有这样不给"既定结论"的思想训练才能真正刺激学生睁着自己的眼睛去观察身边纷扰复杂的世界,用自己的头脑去理出头绪来。当我们的教育者习惯性地把做好的结论抛下,学生也就懒惰地把结论照章收下;他不需要辛辛苦苦地去思索、摸索。

在我们的环境里,一个能关心、能判断的学生,却也不太可能有任何道德行动。一般教育者对学生行动采取压抑与抵制的态度，目的在求校园的稳定。

有一个专科学生被同学指控偷窃，教官在原告的带领之下也确实在该生书包中找到赃物，但是在没有听过被告辩解之前，就令这名学生退学。几个大胆的同学出来主持正义，要求学校给被告一个自我辩护的机会。

事情结果如何不论，学校当局对这些挺身而出的学生却有个斩钉截铁的态度："去读你的书，不要多管闲事。谁闹事，谁就记过。"

奇怪，为什么我们的公民伦理课一再地教导学生要见义勇为，要当仁不让，要择善固执，学生一旦实践了这些美丽的道德理想，我们却恐慌地去压制他？学生对学校措施有所不满而投书、开会、抗议的时候，不正是最好的公民教育机会，帮助学生学习如何去理性地、公平而民主地解决问题，为什么我们反而以记过处分作为镇压的手段？为了表面的安静稳定而扼杀年轻人的正义感，代价是否太高了一点？

敢于表达意见、敢于行动的学生在一次两次的申诫记过之后，当然也学会了保护自己；他发觉，这个社会根本不希望他有道德勇气或正义感。

我们的大学生是不会"闹事"的一群。在考试、舞会、郊游的世界中，没有什么值得"闹事"的题材。在是非善恶都已经由父母师长孔子孟子下了结论的世界中，没有什么难题值得重新省思、费心判断。在明哲保身、少做少错的环境中，更没有什么“闹事”的余地。我们的大学生天真、单纯、安分、听话。

可是，如果“闹事”也可以解释为“以行动来改变现状”的话，我们这不会闹事的一代就值得令人忧虑了。4年一过，他就成为社会中坚——一个不懂得关心社会，不会判别是非，不敢行动的社会中坚！公车应不应涨价？不清楚。路边水管爆破了，不是我的事。公营机构亏了多少纳税人的钱？不知道。核电厂会不会贻害万年？不知道。上司舞弊应不应告发？不知道。台湾往哪里去？不知道，不知道，不知道……

一个满足现状的民族不可能进步，但是要对现状不满，一个人必须先有所关心，用心观察，观察之后作判断，判断之后付诸行动。关心可以是感性的，只是对于生于斯长于斯的土地的一份爱，但是空有感情无济于事，它必须有冷静的理性的支持——判断与行动需要坚强的理性。

台湾的现状不能令人满意，但是已经有许多人在关心、判断之后开始了行动。最好的例子是消费者基金会的推动者，他们已经“闹”了不少事。台湾需要闹的事情还很多很多。以妇女问题来说，我们现有的妇女组织还停留在献花、慰问、穿漂亮的衣服开慈善晚会与孤儿拥抱的阶段。在同样的社会版里，我们读到7岁的男孩被母亲活活烫死、10岁的女孩被卖到妓女户、13岁的女儿被养父强暴而怀孕、30岁的妻子被丈夫打断肋骨——我们天真可爱的校园美女觉得将来没事可关心、可“闹”吗？

又是一个学期的开始，让我们想想从哪里做起吧！

自　白

原载于1985年9月19日“中国时报”·人间

我很遗憾我是个女的。我很遗憾别人发觉了龙应台是个女性。

在编辑、记者、读者、作家发现我是个女性之前，我被当作一个正常的“人”看待。他们很冷静地读我的文章，而后写信来。不同意的人试图指出我所忽略的地方；厌恶我的人用最恶毒的语言攻击我；欣赏我的，更是毫不保留地把倾慕的话写下寄来。

我的反应也是一贯的冷静；觉得我用的逻辑不周全吗？好，让我再演绎一遍证明给你看。资料引用有误，对不起，我道歉并且更正。恶毒的人身攻击？我不屑于理会。至于赞美和倾慕，让我清心思索一下自己究竟值得几分；这个世界大得很。

不幸的事情终于发生了。有人发觉这个阳刚的名字后面居然是个女人！消息传了出去，像野火一样烧开。

突然之间，我不再是教授，而是女教授；不再是作家，而是女作家；不再是博士，而是女博士，总而言之，被人发现正身之后，我就不再是个“人”，而是个“女人”。

本来称我“教授”的大学生，突然改口称“小姐”。本来恨恨想跟我打一场硬笔仗的作家，颓然掷笔长叹：“唉！对方原来是一介妇女！”本来要骂我“刻薄”、“激烈”的人，现在理所当然地改口骂“妓女”。本来想写信来表示欣赏的人，突然犹豫起来：会不会被人误会？

最奇妙的，莫过于访问记者。在我还是个“人”的时候，访问者所拟的题目往往平淡无奇:你为什么写“野火”?批评家必须具备什么条件?目前教育的最大症结在哪里?等等等。变成“女教授”、“女作家”、“女学者”,换句话说,“女人”之后,访问的内容突然活泼生动起来:你结婚了吗?先生是哪里人?在哪里坠入情网?他在做什么?他对你文章看法如何?他高不高兴太太出名?陪不陪你买菜?你们有几个毛毛?长了几颗牙齿?还打算生几个?用什么避孕方式?一天换几次尿布?谁换?你的文学批评干不干扰卧房生活?你如何一面教书、写文章,一面照顾丈夫?你买什么牌子的尿布?

在被“发现”以前,在我还是个教授、学人、正常“人”的时候,也有人赞美我的文章思考缜密、条理清晰。我觉得没什么了不起;一个思考不缜密、条理不清晰的人本来就不该选择学术的路。头脑清楚只是所谓“学人”的基本条件罢了,就像鸭子非有一身羽毛不可,不然怎么能算鸭子!可是,被发觉是个女人之后,连这个基本条件都在一夕之间变成稀奇的东西,惹来许多问题:

作为一个女人,你怎么会写出理性的文章?你有没有感性的一面?

你究竟为什么会有那样清晰的思路?你是不是个女强人?你是不是为了向世界证明女人也能理性思考所以才写这么强劲阳刚的文章?

你的家庭是怎么教育你的,你会变成这个样子?父母兄弟、街坊邻居看得惯你吗?你的丈夫能忍受你吗?

我其实从来也不曾故意隐瞒自己的性别，只因为旅居海外多年，此地几乎没有人认识我，而“龙应台”三个字又十分的男性化；小时候，为了名字，还发展出一点恨父情结，怨他没给我取一个比较秀气的名字，比如龙咪咪、龙美丽或龙可爱之类。但是父亲后来解释，他当初只有两个方案，一个是龙应台，另一个就叫“龙三条”，因为我排行第三。两相比较之下，我反而心生感谢，还好没叫“三条”。那么，别人是怎么发觉龙应台是女的呢？事情是这样的，有一天中午，电话铃响……

“请问龙教授在不在？”一个很雄壮的男人声音。

“我就是，您哪一位？”

“嗄嗄！”对方突然断了声音，我的耳朵陷在电话线的真空里。等了半晌，正想挂断，他又说话了，结结巴巴的：

“你你你，你是个——”

我很同情他的受惊，赶忙把声音放得更轻柔一点：

“对不起，是啊！很抱歉哪！”

他长长地嘘了口气，又沉吟了半天，犹疑地说：“我是大文人出版社的负责人——怎么电话里传来香味？”

我赶忙解释：“厨房里正在煎猪脑……”

“哦！是这样的，龙——龙小姐，我打电话来是想征求您的同意将您一篇大作编入我们今年的最佳散文选，不过，现在既然知道您是，是个女的，我就想把那篇大作收在敝社下个月出版的‘我见犹怜——女作家心心相印散文集’，不知您是否同意？”

“让我考虑一下好吗?”

“好,那我就不打扰了。抱歉妨碍了您煎猪脑——”

“啊！没关系!”我打断他,“是我先生在煎猪脑;我刚刚在修理马桶……”

“嗄——”他又半天没声音,最后才找出话来,“再见,龙小姐。”

第二天,龙应台是个女的消息就上了花边新闻,也开始了我这令人同情的遭遇。《龙应台评小说》出版了,记者来电说;是个娇滴滴的女声:

“龙小姐,这本书非常的知性,可是才一个月就印了四版;能不能说说您对这本书的期许?”

“这书只是一个粗砖,我抛出去希望引出文学批评的风气来,使严格公平的批评——”

“您觉得一个女人写这样的东西合适吗?”

“呃——”

“我的意思是说,”她紧接下去,“这样硬的东西平常都由男性来写,您写来觉不觉得奇怪? 有没有压力?”

“呃——压力很大,因为有些作家不能忍受负面的批评——”

“对,您先生能不能忍受您的作品风格?”

“呃——我不知道我的先生和我的作品有什么关联——容忍与开放是一个评者必备的态度,他不能以一己的道德意识加诸作品;他不能感情用事——"

"对对对,我很同意;你们夫妻感情如何?"

"感情用事就不能直言针砭,我们需要的是说实话的勇气——"

"您觉得异国婚姻需要特别的勇气吗?"

就是这样!被发觉是"女的"之后,与人的沟通变得比较困难一点,常常这么阴差阳错的,牛头马嘴对不上。但这还算小事,比较令我伤心的倒是,被发觉是个女人之后,我不再能沾沾得意以为自己的文章好。有一天,一位作家(你瞧,我说"作家",当然指男的,不必加个"男"字)阴恻恻地对我说:"你现在名气大噪,知道为什么吗?"

我理直气壮地回答:"当然因为我文章好——我思考缜密、条理清晰、头脑清——"

"得了!"他打断我,阴恻恻地从鼻子里哼了一声,说:"得了!文章好!哼,只因为你是女的!女的!"

我顿时觉得心灵受伤,很难过,挣扎着反问他:"拿出证据来!"

他斜眼睨着我,从头看到脚,阴恻恻地一笑:"怎么,你不是女的?"

低下头来看看自己,6个月大的肚围,已经看不到脚指头了。我叹口气:

"是的!我是个女的!"

我很遗憾。

欧威尔的台湾?

写于1985年9月20日

这一篇,写得够辛苦,因为,从环境污染和公共道德一路写来,这已经写到核心问题了,它不得不有很多修辞的策略和论辩的布局。写完了,传真到报社。等着。

我已经有6个月的身孕,大口大口喝牛奶,上下楼梯走三步休息一步,像一只喘息不止的野兽,然后接到电话:“没有办法,”那一头说,“这一篇,刊出来一定死。”

这是《野火集》里惟一一篇没上过报的文章。

要出书时,书稿要送印刷厂了,出版人和我面对面发愁:这一篇,收不收进书里?收进去,可能使整个书被查禁销毁,前功尽弃,不收进去,唉,龙应台实在,实在不甘心!

夜很深了,我抬起头,说:“收。”

今年8月5日的美国《新闻周刊》(Newsweek)有一篇关于台湾的报道,题目是"台湾的'思想特务'"。节译其中两段:

> 年代也对——正是1984年;用的词语也很有欧威尔的味道。去年10月,台北的几个高级人员在军官俱乐部讨论"不法言论的泛滥"。一个官员说:"文化战斗务必加强。"另一个说:"侮蔑元首的一定要重惩!"这些高阶政府官员所计划进行的,正是欧威尔的"思想特务"所擅长的,那就是以钳制言论来压抑反对者的力量。
>
> ……

根据国际人权组织的统计,台湾政府的言论控制有转紧的趋向。三年以前平均每年的个案是31,1984年却有187件取缔言论事件……

要了解这篇报道的意义,我们必须先记得欧威尔在《一九八四》那本书里所写的"思想特务"是怎么回事。1984年的伦敦,人民的思想与行为百分之百的受政府控制。满街满墙都贴着巨幅的领袖的照片,到处都是警告的标语:"老大哥监视着你。"私人家里都装了电眼与麦克风,个人的一声咳嗽、一个眼神,都逃不过"思想特务"的观察。连写日记,把个人的思想记录下来,都有被抓去判死刑的危险。人民只能够发表政府认可的言论。

《新闻周刊》的记者把台湾与《一九八四》相提并论会使许多人觉得过分；今日的台湾绝对不是欧威尔笔下的恐怖世界，可是不管这两位记者的比喻是否过火，他们的报道中举证历历，有名有姓，而且不失公正：一方面列出台湾政府查封杂志的个案，一方面也解释许多党外刊物确实缺乏专业道德。该篇报道以一位反对人士的话作结论："我们期望不高，但我们会奋斗到底。"

《新闻周刊》有世界性的影响力，这样一篇报道直接的就塑造了千百万人对台湾的印象。所以，我们该怎么办？最简单的，我们可以不理不睬，假装没事。但这太危险了，台湾的政治处境已经够困难，再自绝于世界舆论，等于自我流放。或者，我们也可以对《新闻周刊》提出抗议，甚至找这个记者的麻烦，采取一些报复的措施。这，不仅愚蠢而且也办不到。对方可以理直气壮地说：请你指出报道中有哪一件不属事实？既是事实还有什么"抗议"或"报复"的余地？

第三个可能的应对办法，是从今以后我们努力地"作秀"，保持一个开放民主的"形象"。也就是说，政府一切控制言论的作为——查禁报纸杂志或检查没收书籍等等——都在暗中进行，不让外人发现，外人也就无从报道。在教育水准这样高的台湾，这个保密方法大概是行不通的。更何况，懂得中文、了解台湾的外国人也很多。为民主"作秀"，是骗不了人的。

最后一个办法，就是诚心诚意的自我检讨了。我们的言论够不够自由？许多人会马上回答：啊！那比起从前好太多了;台湾一年比一年开放、进步。这我也同意;许多现在能见诸文字的言论是10年前所不敢想像的。但是,比"从前"好并不代表就"够"了。言论"够不够"自由这个问题其实完全要看人民的"需求"有多少。对自由的需求高于它的现有供给,就是不够;反之,就是够。那么台湾的言论自由"够不够"呢?

显然不够。如果世界人权组织的估计是正确的,那么每一年平均政府要用各种方式取缔"非法言论"30次,今年则暴增到近200次。这种政府与民间的冲突原因,讲白了,就是一个要说话,一个硬不准他说;也就是说,政府所限的言论尺度不令人满意。此外,在日常生活中,更有一种莫名其妙的恐惧。我写了几篇批评性的文章,学生会开心地问:"老师,你不怕被送到绿岛去吗?"这是我的家乡,我对受聘治理的人提出批评与建议,难道不是我的权利?我为什么要到绿岛去?而事实证明,从来也没有任何政府机构骚扰过我,但问题的重点是:为什么有这种恐惧?给我来信的读者,在发表完意见之后,总是要加上这么一句:我不能用真名,因为"曝光"会带来灾祸。甚至于15岁的中学生也会说:请为我身分保密,泄露了不得了。有这种恐惧,表示一个人心里有话想说,但不敢说;说了,怕有后果。换句话说,在现有的言论尺度里他无法充分表达自己的意思。

那么我们要不要言论自由?这个问题本身大概就是一个忌讳——我们对外号称"自由",当然本来就有言论自由,而且是宪法保障的;问"要不要"简直是自打耳光。可是自打耳光总比等着让别人来打要好得多;《新闻周刊》的报道就是一记别人打的耳光,清脆而且难堪。在承认我们没有真正的言论自由之后,许多人又会说:自由开放是个危险的东西;咱们大陆就是这样丢掉的。你看,有些政见发表会上,候选人黑白乱讲,选民偏偏要上当。你看,多少留学生,不是一出去就变了吗?思想言论一开放,台湾的安定稳定就要受到破坏。所以控制言论是必要的。

这种说法似是而非,其实是没有深思的结果。选民"为什么"受哗众取宠的人的迷惑?留学生"为什么"一出去就"变"?因为在一个言论受到操纵控制的社会里,选民的知识就像饲料管中灌输下来的猪食,是强喂的,而且只有那么一种。既然没有多种思想饲料让他自己作选择,他就从来没有机会学习如何去辨别品味,识别良劣。留学生在台湾时由教科书与报纸中对事情形成一种看法,到了海外,突然发现了未经封锁的消息与资料对事情提出完全相反的诠释,他怎么能不惊吓?怎么能不觉得受骗?他的"变"也理所当然。

那么还没有出去的学生呢?有一次我问一位来台教政治学的美籍教授:"你是否觉得台湾大学生对政治太天真,太容易接受宣传?"他的回答令我大吃一惊:"刚好相反!我的研究生非常的 cynical——疑世。凡是政府消息,他们就拒绝相信,凡是政府说是真的,他们就认定是假的。因为对宣传与报道极度的不信任,他们反灌输、反宣传的心理到了矫枉过正的地步。”

我不知道这位外籍教授所描述的情况有多普遍，但是不论是否普遍，问题严重的症结还是很清楚地暴露出来：在民智大开、教育普及的今日台湾，封锁消息、控制言论的作法不但达不到安定稳定的目的，而且正收到恶劣的反效果。

如果有人认为思想言论的控制只是一个政治问题，不影响社会其他层面，那他就太天真了。让我们看看培养社会中坚的大学教育。一方面，我们说要作育英才：读社会科学的要学会慎思明辨；读人文艺术的，要格物致知；读自然科学的，更要有锲而不舍，打破沙锅问到底的精神。所谓“慎思明辨”、“格物致知”、“打破沙锅”指的都是同一个原则：对真相、真理全心全意地追求；学问由此而来。

好，这似乎是高等教育一个最基本的精神。问题是，另一方面，学生到图书馆里翻开英文百科全书，找到“中华民国”或“蒋介石”那几页，发觉“有关单位”已经把一些文字用黑墨一行一行画掉，只留下几行他本来就知道的。他读中国文学史，学到五四运动，想看那个时代的小说，老师却说：是禁书，不能看，没有。他逛到书店，抽下一本台湾盗印的英文旅游指南，发觉有一页空白参差不齐，原来指南里有关中国近代史的简介没有印出。在课堂上，他可以偶尔问一个存疑已久的问题，老师却说：我们还是不要碰这个题目，不方便。他也可以为校刊写篇文章，发表一点意见，训导处却把稿子退回，说：不能登，不能说，你思想有问题。

一方面鼓励学生去努力追求真理真相，一方面又用各种手段防止学生得到某种知识——学生难道是智能不足，我们希冀他不会发现这两种态度间的严重冲突？这种掩藏式的做法不仅暴露出执政者及教育者的虚伪，而且更可笑的，它根本行不通！思考是追求真理的工具，学生一旦获得这个工具，我们就不可能对他说：你去治学问，但不要碰政治。比如说一个有能力深思经济问题、文学问题的人，他一定也有能力分析政治问题。反过来说，如果我们执意不让学生在政治问题上刨根挖柢，惟一的办法就是根本不教他追求真理的原则与方法，不给他“思考”那个刨根挖柢的工具——但是这样一来，我们还谈什么教育？

在一个百般禁忌的社会里，我也怀疑会有真正伟大艺术作品的产生。艺术创作，是一种竞技。在自由的环境中，每一个人都能竭尽所能地去发展他的才智；作家没有他不敢写的题材，画家没有他不敢画的意象，评家没有他不能攻击的对象，剧作者没有他不可表现的理念。只有在这种尽情发挥、全面竞技的情况下，才可能创造出真正尖端、真正伟大的作品来。而台湾的艺术家则在层层束缚中创作，像一群困在窄池里的青蛙。有太多太多的书禁读，太多太多的题材作家不敢写、歌手不敢唱、画家不敢画；写了成禁书，唱了成禁歌，画了成禁画。于是每个人都小心翼翼地在一个许可的小范围里发挥有限的想像。我曾经问一位电视编剧：“为什么这么多古装历史剧?”他的答案很简单:“为了安全。”这种情况就像运动员绑着一条腿,单足赛跑。我们如何期待伟大的中国作品?

10年来,台湾在言论尺度上的放宽大概是每个公民都能感觉到的。党外刊物有些言论虽然很缺专业水准,却正可以用来证明台湾的民主在不断地茁长中。也因为这种很明显的进步,《新闻周刊》把台湾比作欧威尔的警察统治世界就显得过分。但是过分归过分,有许多事实是我们所无法否认的。与其作情绪上的反应,不如利用这个“清脆的耳光”来作一番冷静的自省:言论控制的目的在哪里?手段是否合适?效果如何?最重要的,究竟有没有控制的必要?控制思想有什么严重的后果?合不合台湾现状与未来的需求?

在一个健康的民主制度中,不容许“莫须有”的白色恐惧存在。我们要用理性,还有面对事实的勇气,去取代恐惧。是深省的时候了。

(本篇略有删节)

精神崩溃的老鼠

原载于1985年9月26日“中国时报”·人间

李国栋床上堆着书，每天晚上睡在榻榻米上。读书读到清晨一两点，读到两眼充血，像针扎一样痛苦，才把书放开。蜷曲到榻榻米上，用条绳子把左腿跟一只桌脚绑在一起，熄了灯睡觉。

“这样一来，我一翻身，扯不动腿，就会醒过来；醒过来就马上爬起来继续看书——今年是第三年了，再考不上，就要当兵去了！”

联考前，李国栋很平静地这样解释他的生活方式。他削瘦的脸颊浮着一层暗暗的青气，眼白里一条一条细细的血丝。讲话的时候，眼神涣散，不知道他在看哪里。

“为什么不换个读书方式？这种煎熬式不是效果很差吗？”

他摇摇头：“我不知道有什么别的方式。”

“为什么不先当了兵再回来考？让心理休息一下？”

他摇摇头：“非考上不可。”

“为什么不找其他出路？不要上大学，读职校或学技术？”

他开始咬指甲，每一片指甲都嚼得烂烂毛毛的：“不行，我非读大学不可。”

李国栋后来仍旧落了榜，但是也没去当兵。他在精神病院里住了两个星期之后，有个晚上，偷偷吞了 5 个大铁钉，从 7 楼的阳台上跳下来，刚好摔在垃圾车旁边。

麦尔教授对老鼠很有兴趣，曾经做过这样的实验：

把老鼠聚集在一个平台上，让它们一个个往下面两个门跳；跳向左门，它会碰得鼻青脸肿，跳向右门，门却会打开，门后是甜美的乳酪。小老鼠当然不笨，训练几次之后，就快快乐乐地老往右门跳去，不再摔得一鼻子灰。

可是，就在小老鼠的选择方式固定了的时候，麦尔就把乳酪从右门移到左门；本来以为可以饱食一顿的老鼠现在又碰得鼻青脸肿，不知道客观情势已经改变了。幸好，摔了几次之后，它又渐渐熟悉了新的情况：原来乳酪在左边！

问题是，这个时候，麦尔又有了新花样；他把门的颜色重新漆过，把乳酪一会儿放左，一会儿放右，老鼠在新的习惯形成之后，发觉原来的抉择方式又行不通，它必须不断地适应新情况，不断地修正自己的习惯行为……

老鼠变不过来，下一个反应就是“以不变应万变”。麦尔发觉，在应变不过来的时候，老鼠就搞“拧”，开始固执起来，根本就拒绝改变方式。比如说，如果它已经习惯于跳向左门，你就是把乳酪明明白白地放在右门口，让它看见，它仍旧狠狠地往左门去碰肿鼻子，愈碰就愈紧张。如果实验者在这个关口继续强迫它去做跳左或跳右的抉择，老鼠就往往会抽筋、狂奔、东撞西跌或咬伤自己，然后全身颤抖，到昏迷为止。换句话说，这只老鼠已经“精神崩溃”。

麦尔教授于是归纳出导致老鼠“精神崩溃”的五个阶段：首先，对某一个难题（左门或右门），老鼠逐渐培养出一种应对的习惯来(选择右门;右门有乳酪)。第二个阶段,客观环境改变,老鼠发觉惯有的方式已经不能解决问题,因此感到惊骇。下一阶段,不断地焦虑与挫折、失败之后,它就固执地以旧有的方式面对新的情况,不计后果(就是看见乳酪出现在右边,仍旧往左边闯)。第四个阶段,根本放弃努力(乳酪也不吃了,干脆饿死!)。最后,如果外力迫使它非解决问题不可,它就又回到它所习惯的旧方式(左门就是左门,非左门不可!)当然又碰得鼻青脸肿,饿得老眼昏花。明明只是换个门径就解决了一切,它却拧执在习惯行为中饱受挫折与失败的煎熬,最后以崩溃结束。①

在垃圾车边被清洁工人发现了的李国栋是一只弄"拧"了的老鼠,我们的社会环境与教育制度是控制乳酪、制造难题的实验家。从前,大学之门是通往乳酪的门,所有的人都往那个门跳。"士大夫"观念深深地植根,因为我们发觉成了"士大夫"之后就有甜美的乳酪可吃。但是,在大家都习惯于这个方式之后,客观情况却变了,乳酪换了门;往"士大夫"那个门撞去,却撞个鼻青脸肿,而且没有乳酪。

可是孩子们继续去撞那一扇门;做父母的继续鼓励孩子们去撞那扇没有乳酪的门。他们说,"有志者,事竟成";说"有

---

① 取材自 S. I. Hayakawa"Insoluble Problems", Invention and Design, N. Y. 1981.

恒为成功之本”;说“精诚所至、金石为开”;说“老天不负苦心人”。门的颜色变了,乳酪的位置换了,可是弄“拧”了的人固执地守着旧有的方式,“以不变应万变”。

于是有一天大清早,清洁工人在垃圾车边发现一团血肉模糊的——是人还是老鼠?他吓了一跳。

一个人,也只不过是只有可能精神崩溃的老鼠。人生的每个阶段里都有看似不可解的难题时时强迫他作抉择:考试失败了,爱人变心了,婚姻破裂了,工作失去了。每一个难题都需要一个解决的办法。究竟乳酪在左边还是右边?不管在左在右,当一个人不再能以“新”的方式来应付“新”的情况,当他不计后果的,根本拒绝改变自己的时候,他就是一只弄“拧”的老鼠;精神的解体只是自然的结局。

台湾,又何尝不是个精神可能崩溃的老鼠?!国际局势的变化多端就好像乳酪的忽而在左、忽而在右。30 年前解决问题的方法不见得能解决 30 年后的问题。如何能不受制于旧习惯、旧观念、旧方法,如何不搞“拧”了去老撞一扇没有乳酪的门而撞得鼻青脸肿,需要的是弹性与智慧。

智慧,不正是人之所以为人,鼠之所以为鼠的差别吗?

台湾是谁的家？

——啊！光复节！

原载于1985年10月28日"中国时报"·人间

有一天，走在街上，看见人行道上摆出了选举看板——台北市正在选议员；看板上贴着大字报。我凑近去看看，吓一跳；整篇大字报，用放大的毛笔抄写的，竟然是我的《台湾是谁的家?》：

"40年后的台湾，有想走而走不掉的人，有可以走而不走的人，也有一心一意在这儿今生今世的人；不管哪一种，只要他把这里当'家'……这个地方就会受到关爱、耕耘、培养。怕的是，过了40年仍旧不把这儿当家，这个家才会破落……"

是党外的候选人，把我对国民党的批判拿来做竞选文宣了。这时，有一个声音在背后响起："请问你是不是龙应台?"

我回头，看见一个瘦瘦的、文质彬彬的男人。"你是谁呢?"

"我是——"他说，"我是江春男。"

这篇文章的严重性，大概到了顶点。也是在这个时候，余纪忠先生——"中国时报"董事长，被台湾当局请去"喝茶"，谈"野火"对人心造成的"不安"，对台湾的"伤害"。余先生在"总统府"里说了些什么我不知道——他淡淡地讲着这事，然后要我喝茶。

五颜六色的牌楼又搭了起来，五颜六色的灯又亮了起来。庄严的大人物凑着麦克风讲整齐对仗的句子，报纸的头版有红色的大字，彩色的框框；收音机的钮转来转去都是标准又悦耳的女声……

啊！又是一个光复节！

光复节又怎么样？仍旧是人挤人、车挤车的世界，乌烟瘴气。

可是这是40周年的光复节——40年哪，人生有几个40年？

40年又怎么样？淡水河是条发臭的毒沟，观音山是长了脓疮的病狗。婴儿喂假奶粉，小孩吃馊水油，大人喝用过的宝特瓶，老人把毕生积蓄交给十信……40年又怎么样？光复节又怎么样？

立法委员问俞国华我们是否有一个“信心危机”。俞院长说，没有没有，当然没有。江南、李亚频、馊油、十信、毒玉米，都是孤立案件，不代表任何意义。我们信心十足，信心十足。

可是我听到邻居10岁的小孩丢下书包大声喊：“妈妈妈妈，台湾不能住了。我是吃馊油长大的！”我也听到二十来岁刚结婚的朋友皱着眉头说：“结婚可以；生孩子，不可以。每天骑机车上班，眼红疯狂的人潮与车马常勾出我心中对整个人类的仇恨来。一辆机车狠狠插在我前面的那一刻，我血液沸腾得很愿意当场撞得他头壳破裂而不觉一点点惋惜。把新生命带进这样一个世界来，不，太残忍了。”

为什么没出去过的小孩会下“台湾不能住”的结论？为什么一向笃信传宗接代的中国人会觉得台湾这个地方不可以养儿育女？俞院长的“信心”来自哪里，是哪一种信心，我觉得茫然。不肯承认我们有信心问题，是因为看不见问题或不敢说实话，我实在无从判断。我只知道，父母千方百计地把幼儿稚女送出去读书，表示对我们的教育制度没有信心（是的是的，王赣骏与丁肇中的成功等于我们教育的失败……）。有钱人把产业化整为零地存到海外银行，表示对我们金融制度缺乏信心。政府官员与大学生珍惜绿卡，每年气喘喘地来回，表示对我们的政治前途没有信心。反对人士必须躲在外国的羽翼下才敢发言批评，表示对我们的民主宪政没有信心。至于年轻人觉得这片土地已经糟到不适于传宗接代的地步——这不是缺乏信心，这是绝望。年轻人的话，令我深深的哀痛；而那些不着边际的高调，令我失望。

8年前我带了几份介绍台湾的画报给欧洲的朋友看。这些画报都有中英对照而且摄影图片非常精致。朋友翻看之后不经意地说：“这些很像东德或保加利亚的官方刊物。”我很惊讶：台湾的东西怎么会让他联想起这两个国家来？

原来也只是一句凭直觉的评语，朋友也得思索好一会才分析出原因来：“因为你看得出这个刊物在刻意地表现美好的一面，刻意地把其实任何社会都有的缺陷与难题都隐藏起来。你看，第一页到末页全是美丽的森林，纯朴的山胞，富庶的农村等等，像人间天堂。相反的，一个开放地区的刊物，通常，在称颂美丽的森林同时，或许会提到酸雨污染的威胁；介绍纯朴的山胞时，也许会说到物质文明的侵略；赞美富庶的农村时，就不免提到农村人口的流失……你拿东德与西德的画报一比较，就看出很明显的态度上的区别。”

他不说，其实我也该知道这道理。真正有信心的人不怕暴露自己的缺点，更不忌讳承认自己的丑陋。试图遮掩粉饰才真是没有信心的表现。40年后的台湾固然已经脱胎换骨，却明明白白的有一身病痛：根本的政治问题、迫在眉睫的环境问题、需要急诊的经济转型问题、影响深远的教育问题，还有，使每个人不是咬牙切齿就是摇头叹息的道德沦丧现象。可是，如果我们有能力，我们就不怕面对这些病痛；如果我们有自信，我们就不怕大声承认：是的，我们确实有这些病痛。避讳或遮盖都是自欺，自欺意味信心不够，这，才是真正的危机。

我从来不忌讳大声说台湾是我“生了梅毒的母亲”，也不犹豫地告诉你台北是我所见过最庸俗最丑陋的都市，更不在乎对你说，中国人是个自私短见乡愿的民族——不怕你觉得刺心。我还可以恨恨地说，台湾的社会是个道德腐蚀到骨髓里的社会——不怕你骂我数典忘祖。

因为我对台湾还有信心。

看看有多少人在角落里默默地播种、耕耘；台湾的“有心人”真多。消费者基金会一点一点累积起来的成果现在算是大家都看得见了。还有许多看不见的：“妇女新知”的一小撮人在一点一点地提高女性的自觉，教导她保护自己的权益。

台大也有一小群人成立妇女研究中心，引导社会重视妇女问题。扶轮社——你以为有钱人都是脑满肠肥之流吗？——正在筹备环保基金会。另外又有几个人正准备推出《新环境》杂志，为我们病重的大地作记录。还有一群理想主义者要出版《人间》杂志：没有穿泳装的明星，没有微笑的政客；杂志关心病患孤儿寡妇，帮助这个爱喊光明口号的社会亲眼看看阴暗痛苦的一面。

这些少数人的努力却要承受很大的压力，就像小草拼命要突破已经龟裂但仍旧坚硬的水泥板一样。当年消费者基金会饱受挫折，好不容易加上“文教”两字才受到“教育部”的收容而成立，现在扶轮社要建立的环保基金会又在团团转，寻觅出路。妇女消费团体或自觉行动也受法规制度的百般束缚；任何民众为自己争取权益的行动都受到限制与束缚。这些保守而落后的法制就是压住小草的水泥，但是我的信心就在于这些小草伸向阳光的力量。只要有这么多“有心人”，台湾就有希望。坏的可以变好，腐烂的可以新生，染病的，可以复原。

可是，你是谁？凭什么你就做“沉默的大众”，等这少数人努力了，甚至牺牲了，你再去享受他们的成果？你现在买着消费者团体认可的食品，当初这些人投告无路的时候，你是在一旁观望？嘲笑？还是漠不关心？现在正开始垦荒的小团体，比如“新环境”，需要人力的支持去研究环境的制度问题、评鉴问题，需要金钱的援助去启发小学生爱生的观念，对老农夫解释滥葬的害处。你关心吗？你在乎吗？你应该现在也变成工作的一分子呢？还是做个“沉默的大多数”等着成果从天上掉下来？

在台湾革新很难，一方面固然是由于许多制度的僵化（一个团体登记之后就不允许第二个性质类似的团体存在——这是什么蠢人订的蠢法？消费者组织不是愈多愈好吗？），另外还有保守的执政单位对社会自觉运动的疑惧。一个更大的障碍，却是民众本身的缺乏动力。美国有个年轻的母亲，因为女儿被醉酒驾车人撞死，组织了“反醉驶运动”，到处陈情、抗议、演讲，教导驾车道德。现在这个组织有 60 万个母亲加入。

我们之中，多少人有这种锲而不舍的精神？比如在月光笼罩的海滩上看见卡车盗沙——你视若无睹呢？还是恨恨骂一声，继续钓鱼？还是打个电话给警察局就算了事？有多少人会追根究底的，要求政府制止盗沙的行为：通知警察局，无效；再试环保局，无效；再试海防部队，仍无效；好，那么从头研究法令，到底海滨的沙地由谁负责。我们有多少人有这种精神？前人种树，后人纳凉是件美事；但是你不种树，身后的人又哪里有凉可纳呢？那群少数人的努力或许能冲破僵硬的水泥地，你就不能也投入做一点草根里的养分吗？

我不知道谁视台湾为家。有人依依不舍地回顾过去的大陆，有人拿着绿卡飞向未来的大陆，有更多的人不想过去，不想将来，也不知珍惜现在脚下的泥土。我是个要浪迹天涯的人，但是深切知道，即使穿着凉鞋的脚踩在土耳其的石板路上，别人问“客从哪里来”时，我只有一个答案：不是湖南，不是纽约，不是慕尼黑。家，可以暂时挥别，可以离弃，可以忘怀，但家，永远还是那么一个。40年后的台湾，有想走而走不掉的人，有可以走而不走的人，也有一心一意在这儿今生今世的人；不管哪一种，只要他把这里当“家”——心甘情愿也罢，迫不得已也罢——只要他把这里当“家”，这个地方就会受到关爱、耕耘、培养。怕的是，过了40年仍旧不把这儿当家，这个家才会破落。信心不信心，在此而已。

五颜六色的牌楼又搭了起来，五颜六色的灯又亮了起来。庄严的人物在演讲，报纸的刊头用红色……但这是40周年的光复日，人生有几个40年？五颜六色之外、欢呼与口号之外，是不是该有一点新的、诚实的省思？

容忍我的火把

——与一位告密者的沟通

原载于1985年11月5日“中国时报”·人间

快要生产了。常常会感觉到胎儿的小手小脚在里头踢动，心里觉得甜蜜又幸福，但是一封告密者的信，辗转来到我面前，这，是一个可以致人于死地的东西。

在黑夜里思索：是暂时停笔避难，还是迂回以对？还是正面迎战？

我决定正面迎战。于是写了这篇文章直接与告密者对话。但是，我们都知道，这篇如果刊出，很可能就是最后一篇了，因为，已经走到主流媒体的悬崖边，快摔下去了。

也因此决定这篇一刊出，就马上出书，而且书要出得够快，也卖得够快，要快到他来不及查禁或没收。

这篇文章刊出一个月后，《野火集》的书被推出印刷厂。我，被推进产房。

孩子出生的当天，国民党所属的各个报刊正式开动了全面的对《野火集》的围剿——1985年12月14日。

《野火集》在21天之内再版24次。

国民党文工会送来一大篮水果。电话里的人很客气：“不知您愿不愿意见官？”那时负责国民党“文化工作”的官，是宋楚瑜。

我开始哺乳。

赵先生：

不知道您姓名，姑且以百家姓上第一姓称呼。

您给“有关单位”写了封长信，指控我以《野火集》进行“煽动”、“挑拨”，“无中生有”地攻击政府，鼓动青年学生制造事端等等……基本上，您对我的恐惧来自《不会“闹事”的一代》(9月3日)和《啊！红色！》(8月29日)两文；前者，照您的解释，在唆使年轻人走出校园示威抗议，点火闹事；后者，则有意侮辱“政战官”，离间军中感情，埋下闹事的种子。为了保护台湾社会的“安定”，您希望“有关单位”能把《野火集》封掉。

通常，这样一封完全曲解我文章的信，我是一概不予答复的。但是您这封信不是直接寄给作者的读者来函，而是投给“有关单位”的密告，其中就表露出一种特殊的心态，很值得探讨。

首先，我要请您“读书求甚解”地把“闹事”一文重新阅读一遍。您会注意到，我为“闹事”一词特别冠上了括号；括号的用意，就是说，这个词在这篇文章中不作一般解释，而有我特定的意义。这个特定的意义在文章中也说得相当清楚：

> “如果‘闹事’也可以解释为‘以行动来改变现状’的话，我们这不会闹事的一代就值得令人忧虑了。”
>
> 以这样一个新定义为基础，我所举的“闹事”的例子，是消费者文教基金会的所作所为，而且强调“闹事”有先决条件：

“一个满足现状的民族不可能进步，但是要对现状不满，一个人必须先有所关心，用心观察，观察之后作判断，判断之后付诸行动。关心可以是感性的，只是对生于斯长于斯的土地的一份爱。但是空有感情无济于事，它必须有冷静的理性的支持——判断与行动需要坚强的理智。”

这样的白纸黑字怎么会使您觉得我在鼓动学生杀人放火呢？加了括号的“闹事”指的是一种行动的道德勇气，以及一个长期的酝酿过程：先学习关心社会，再训练独立思考、培养理性，最后才能产生有价值的行动。在前两样没有成熟之前，行动也没有意义。我所担心的，是我们的年轻人表面上顺从而安静（使您这样的人觉得天下皆太平），而实际上，却因为他们的习惯于服从被动而永远不会成为推动社会前进的动力。“闹事”一文的主旨甚至不在于批评我们的学生，而在于提醒成人——像您这样的成人——不要以“安定”的大帽子因噎废食地去压制下一代革新、创新、独立思考的自然生机。

您之所以会大起恐慌，显然是在瞄了题目、触及“闹事”两字之后起了杯弓蛇影的反应，“想当然耳”地认定“闹事”就是“共匪”的勾当，完全不顾我文字里的心血，这不太公道吧？！

其实，误读文章还算小事，值得深思的是您对“行动”（还是改称“行动”吧，以免您惊慌）的恐惧。您会说：好，就算有关心、判断、理性为基础，行动——任何行动——都是社会不安的表现。40年前学生闹的风潮给我们这一代人印象太深刻了。台湾好不容易有一个安定的局面,我们要牺牲一切地来维护这份安定。

牺牲"一切"吗?您可曾想过这"一切"包括了我们社会前进的基本动力?为林安泰古厝和林家花园呼吁奔走的一小群人是"行动"的一群。为关渡的水鸟请命、对核电厂抗议、为环境生态喊叫得声嘶力竭的人也是"行动"的一群。当初组织消费者团体到处"惹祸"的也是"行动"的一群。这些人之所以有所行动,都是因为对现状不满:消费者觉得卫生署检验工作不够周全,维护古迹者嫌内政部步调太慢,环境保护者怨环保局效率太差。因为对现状不满,又不甘心逆来顺受,再加上不屑于袖手旁观,所以这些人毅然站起来,组织,行动。

您或许会说:啊!可是这些人干的都是有益社会的好事呀!您是否想到,在您确实知道他们做的是"好事"之前,在这一小群人最初挺身而出,大声指责政府缺失,大胆采取行动的时候——在那个时候,您这种崇拜"安定"的人对他们采什么态度?当这少数人因为不满现状而投书、抗议、联名陈情、呼喊"闹事"的时候,您曾经有勇气支持他们吗?现在,您享受着这些人努力的成果——坐在安乐椅中读消费者日报,喝不含毒素的饮料;当时,您却可能正是那种写黑信到"有关单位"去指控这些行动者包藏祸心、破坏"安定"的人!

我不认为您是坏人,您之所以会对行动者充满疑惧而且必除之为快，大概因为您有两个基本信念：第一，所谓“安定”，就是政府与人民之间没有冲突；有冲突，就是不安定，不安定使您恐慌。第二，批评政府就是不爱台湾，爱台湾者不批评政府。换句话说，爱“台湾”＝爱“政府”。

您能不能理解——政府与人民之间不可能没有冲突？比如说，当政府觉得核电发展在经济利益上有绝对必要，而民间有人认为核电发展将严重破坏生态的时候，冲突就存在了。处理冲突方式的不同就造成民主与独裁的分野。一个民主的政府了解民意并且时时检讨修正自己的政策，一个独裁政府根本就不让民意有表达的机会。所以“安定”也有两种：在政府与人民沟通、协调之后而使冲突化解的安定，是真实的、持久的安定。不经沟通，却以政府权力抑制民意以遮掩镇压冲突的安定，是假的安定，也是暗流潜伏、危险的安定。您认为《野火集》应该受到封锁——这就是您所希求的“安定”吗？这种“安定”对我们珍爱的台湾有好处吗？

至于爱“台湾”＝爱“政府”，因此批评政府等于不爱“台湾”，老先生，您这个填空题填错了。您可曾仔细推敲过孙先生的老生常谈：政府是人民的“公仆”？爱“台湾”＝爱“人民”，不是爱“政府”。爱“台湾”要以爱人民——也就是你和我和街头卖蚵仔煎的老头——为出发点，政府为人民所雇用，做得好则留，做不好则解聘换人，根本无所谓爱不爱。我们也常说要爱乡、爱家；但是可没人说爱“乡”就是爱“村干事”，爱“家”就是爱那个“掌柜”的，那么爱“台湾”怎么会变成爱“政府”呢？

村干事可以换，掌柜的可以换，政府当然也可以换；下个月不就有选举了吗？人民这个主人要决定这下个四年由谁来掌柜。批评政府，等于是监督、训导雇来的帮手如何把家务事做好，是你与我与卖蚵仔煎老头的权利与义务；您怎么会认为批评政府的人就是“阴谋分子”呢？《野火集》如果对政府有所批评，那只代表作者对这个民族有深切的关怀，不愿坐视少数公仆误了主人的福利。我可觉得我比您这种不管公仆做了什么都只会在旁唯唯称是的人要爱“台湾”得多多。

《啊！红色！》的短文，您说，也使您坐立难安，因为我显然一点没有“反共”意识，您说，海峡对岸就有强大的敌人，艺术独立当然不如“安定”来得重要。赵先生，您以为您是“反共”？不，您这叫“恐共”。和那位写信到“总统府”去指控李再钤的雕塑品有“红色嫌疑”的人一样，您流露出一种盲目的、情绪化的“恐共”心理。一个纯艺术的创作，只因为它令一两个人联想起红星，您就怕有“匪谍”渗透，破坏“安定”。以发扬艺术为宗旨的美术馆就赶紧改漆颜色（是否事先征得创作者同意其实并不重要）。更荒谬的，这样严重侵害艺术的事件发生之后，既不见市政府官方作任何补救措施，也不见艺术界团体有任何抗议或自救的行动。大家噤若寒蝉，似乎整个社会都在屏住呼吸低声说：啊！红色！

对别人恐惧只有一个解释：对自己没有信心。可是努力了三十几年的台湾，经济发达，教育普及，政治民主稳健，为什么还如此缺乏自信？我很不希望这个红色雕塑事件传出去，暴露两件“家丑”：一是台湾对艺术的践踏与轻蔑，一是我们近乎荒谬的“恐共”情绪。盲目地“恐共”，赵先生，不足以对付新的现实了，因为盲目的恐惧通常导致鸵鸟式的逃避或者拿石块砸自己脚的惊慌失措；您大概也打过仗，这样打仗能赢吗？我们需要的是知己知彼的自信，是正视现实的勇气，是运筹帷幄的极端冷静；不是，不是把眼睛遮起来恐慌地叫：啊！红色！

在您的观念中，把艺术品改漆成银色，把《野火集》这样的专栏封锁，把“以行动改变现状”的人囚禁起来……我们的社会就“安定”了。为了“安定”，什么艺术、自由、改革，都可以牺牲。赵先生，我也珍惜台湾的安定，尤其是从比如菲律宾之类有游击队横行的地区回来，在夜里的台北搭一趟公车都令我充满欣慰之情。可是，您仔细地想一想：如果为了您那种假象的“安定”而牺牲掉台湾三十几年来一点一滴累积起来的民主与开放，这个纸包火的“安定”值得吗？如果为了反对一个制度而在我们自己的制度中压抑个人意志——我们还凭什么高喊民主呢？蒋经国先生的谈话不尽然都是节庆的八股，今年他就说了句非常值得深思的警言：台湾的最大武器，就是我们的民主自由。事实上，台湾这个小小的地方值得你我珍爱，难道不正因为它有一个尊重人性的制度？

您显然不同意《野火集》对事情的看法，但是您并不光明正大地与我辩论，却悄悄地到“有关单位”去告密。这表示您肯定政府有钳制言论的权利。您一定也知道那样一封密告信对我可能带来严重的后果——但您还是写了，表示您也肯定

"文字狱"的必要。抱有这样的观念,您可能也不是第一次写那样的信。因此,与您沟通,我实在并不抱什么希望。但是我对这个岛屿仍旧充满信心:几百封不断的读者来信,表示您毕竟代表少数;我们的"有关单位"似乎也比您容忍,比您开放,更比您了解:我们需要的"安定"是真实持久的,来自民主交流的安定,不是封锁式、镇压式的假象安定。

这个社会既然有我这种燃火的人,当然也就少不了您这种灭火的人。可是我们都爱台湾——您以您的方式,我以我的方式。那么,既然我可以容忍您的存在,您是否也该容忍我的火把?

（本篇略有删节）

在“一九八四”以后

收录《野火集外集》(圆神出版,1987)6 篇文章

野火现象

原载于 1986 年 4 月 24 日“中国时报”

20 年后重读此篇，发现它有点不幸地“一语成谶”：“一些党外刊物，虽然标榜批判，却无法把读者完全争取过去，因为它往往也是以一个特定的意识形态为出发点，以某个政治结构为目的地；不同的意识形态，不同的政治目的，但是反宣传可以变成宣传，反教条可以变成教条。如果没有较开阔的胸襟，较长远的眼光以及对理性的坚持，蒙眼布换了颜色还是蒙眼布。”

20 年后的历史狠狠地证明给你看：是的，当反对党掌权之后，它竟然真的只是一条换了颜色的蒙眼布！

菜市场中一地的泥泞。讨价还价的喧嚷夹着刀起刀落的剁声。在菠菜和胡萝卜旁边，居然搁着一本摊开的《野火集》。卖菜的妇人蹲在地上剥玉米。

"欧巴桑，你在看这书吗？"

"呒是啦！"她愉快地回答，"我后生在看啦！伊在读大学。"

撕掉蒙眼布

《野火集》在出书21天之中再版24次，4个月后，已经迫近50版，马上要破10万本的大关。文化界的人士咋舌称奇，说是多年来没有见到的现象。书店的经销商说，许多买书人似乎带着一种"使命感"走进书店，买一本给自己之外，还要添一本送人，惟恐读"野火"的人不够多。一位医师告诉我，他买了300本书四处寄发。学校老师也往往为学生集体订购，作为指定的课外读物。海外的留学生也来信，希望这本书能销到国外。

这是个非常奇特的现象。《野火集》破纪录地、疯狂似地畅销不是一个偶发、孤立的事件。从专栏时期读者反映的汹涌，到成书之后读者"奔相走告"的热潮，在在都显示这是一个深具涵义的台湾社会现象。很明显的，我们的社会对"野火"所发出的声音有一种饥渴的需求。

需求什么呢？

“野火”是个强烈的批判声音；当批判的对象是自己的时候，就成为反省。“野火”，因此也是个自剖反省的声音。但是“野火”里头并没有任何新鲜的观念。它指控现代的中国人丧失道德勇气，它要求学生争取独立思考的空间，它要求政治的开放与容忍。近代史上，一波又一波中国的知识分子一次又一次地呐喊着同样的话。如一位教授所说：“你的野火精神和当年的文星精神没有什么太大的区别；但是为什么 20 年前叫喊的事情在 20 年后还有叫喊的必要？可见我们进步非常有限。”的确，可是这一次的叫喊，在空谷中引起嗡嗡不绝的回声，“野火”由一根小火柴烧成一小片火海，表示这是个不同的时机。或许人们不只是厌倦窠臼本身，也厌倦一次一次叫喊后的失败。在上千的读者来信中，大部分有这么一句话：“啊！你说出了我心中早就想说的话。”然后加上三个惊叹号。“野火”显然痛快地供给了情绪的发泄，但是令人心惊的是，在发泄之前，那份情绪有多么堵塞，多么郁闷。

台湾在蜕变中。曾经是个一元化、权威分明的社会。子女遵从父母，学生遵从老师，人民遵从政府。可是经济起飞了，如果上一代努力的是物质上的独立，那么这一代就追求精神上的独立。教育水准提高了，往往子女懂得比父母多，学生青出于蓝，人民所拥有的知识比官僚还高。西方民主文化的冲击更是勇猛直接。里根说卡扎菲计谋暗杀他，台湾的电视就显现：美国记者大声问总统：“你有没有证据呢？没有证据就是撒谎。”这种镜头对我们膜拜电视的社会不可能没有影响。头脑再简单的人也会问一声:“哦,民主是这样的呀?”更何况是已经受了教育,宁可自己思考的人。

经济、教育、外来文化等等,构成伊甸园里的知识之果,台湾的社会大众,是吃过苹果的亚当。吃过苹果,发觉自己的赤裸,于是急切地想看清现实,解决问题,但是亚当的脸上绑着一块蒙眼布——吃苹果之前的旧观念、旧制度、旧作法、旧信仰,遮着亚当睁大的眼睛。多少年来不曾经过审查的教条、口号、神话、谎言,密密地包扎着亚当开始流转的眼睛。

“野火”只有一个简单的要求:**撕掉蒙眼布。**对“野火”狂热的反响或许也就传达了那么一个简单但迫切、坚决的讯息:**我们不要蒙眼布!让子女、学生、人民,都用自己的眼睛去看,自己的头脑去想。**

在野之声

“野火”畅销的主因固然是它反对权威、批判现状的立场,但是为什么比它更激烈、更叛逆的刊物,比如一些党外杂志,却得不到小圈圈以外的回响?其中人为的因素当然很重要,比如查禁的问题;最主要的因素却在于这些杂志本身的限制。一方面,歌颂权威、膜拜现状的书籍刊物对厌倦蒙眼布的人缺少吸引力,因为它的出发点与目的地都是一种意识形态。另一方面,一些党外刊物,虽然标榜批判,却无法把读者完全争取过去,因为它往往也是以一个特定的意识形态为出发点,以某个政治结构为目的地；不同的意识形态，不同的政治目的，但是反宣传可以变成宣传，反教条可以变成教条。如果没有较开阔的胸襟，较长远的眼光以及对理性的坚持，蒙眼布换了颜色还是蒙眼布！而吃了苹果的亚当所急切、不耐、引颈盼望的，不只是换一块蒙眼布！

我们不能没有党外刊物，因为它是一个制衡的声音。从"野火"的现象看来，我们更急迫地需要第三种声音，一个不以单一意识形态出发、没有政治野火、真实而纯粹的"在野"之声。这个声音通常由关心社会的知识分子所发，可是在今天的台湾，这个声音，不是没有，但微弱喑哑。知识分子或者受制于强权而不敢作声，或者屈服于做官的私欲而婉转歌唱，或者受挫于尝试的失败而灰心隐退；仍旧在努力中的，只能支支吾吾、避重就轻，貌似前进的《野火集》并不例外；或者倒过来说，"野火"这么一本鼓吹最基本的民主观念的书都能引起这么大的震撼，不是"野火"前进，而是这个社会落后；不是"野火"的声音特别清越，而是这个社会根本缺乏嘹亮的在野之声。

山中无老虎，猴子称霸王。声势浩大的"野火"其实只是一只猴子；台湾需要的，是真正老虎的吼声，许多老虎的吼声。

喜鹊·乌鸦

因为在粉饰、教条、自我吹嘘、自我慰藉的"酱缸"里泡了几十年，我才在极端不耐中开始写"野火"，但是立即招来质问：为什么只写坏的？光明面为什么不写？人民很勤奋呀，政府很努力呀，社会很安定呀！为什么一面倒？是“别有用心”吗？

不错，我是“别有用心”，像个病理学家一样的别有用心。病理学家把带菌的切片在显微镜下分析、研究，然后告诉你这半个肺如何如何的腐烂；你不会说：“奇怪，怎么只谈我坏的半边肺？怎么不夸一夸那好的一半？”

那么，为什么要求社会病理家谈“光明面”呢？

再说，歌颂勤奋的人民、努力的政府、安定的社会的人还不够多吗？何必还需要我也加入？

你有影响力呀！读者相信你。

这话说得何其天真。如果“野火”的作者有所谓的影响力，那纯粹是因为他像只乌鸦一样不说悦耳的话；他怎么可能在赢得“读者相信”之后转而加入喜鹊的行列？一个社会本来就该有许多不同的声音，传达不同的讯息；乌鸦和喜鹊各有所司。但是，如果报喜不报忧的喜鹊觉得自己缺乏信服力，它就必须改变作风，开始说实话，而不是要求有“影响力”的乌鸦换套羽毛，唱喜鹊的歌。

也有人担心地说：“野火”暴露出那么多台湾的缺点，被敌人拿去做宣传怎么办？

不怎么办！只有头脑简单的人才不知道自我批评是一种自省自新的能力。当西德的勃兰特与美国的尼克松闹出举世皆知的丑闻时，两国人追究到底的态度赢得的是尊敬，不是轻视，我们的报纸喜欢兴高采烈地报道大陆报纸所揭露的坏事，作为“你看他们多糟糕”的宣传，而事实上，中共愈是容许丑事的揭发，批评的公布，愈表示他们观念的进步，也就愈值得我们思考。

把自己的弱点暴露出来检讨，是优点，不是缺点。“野火”不需要描写台湾社会的光明面，因为，我相信，“野火”的存在本身就是一个光明面的表现；表现台湾的制度能容忍批评，台湾的人民能自我反省；这是个有更新能力的社会。

让别人拿《野火集》去做宣传吧！

上一代，这一代，下一代

对这本书的两极反应是另一个值得深思的现象。一方面，许多老师以它作教科书外的教科书，鼓励学生讨论并且写读后感；另一方面，有学生来信：“我们教官不准我们读你的书，说龙应台污染青年人思想……”一方面，某些工商机构成百地订书，送给员工阅读；另一方面，有些特定的团体将“野火”明文列为禁书。许多读者赞美作者为“真正爱民爱乡、有良心的知识分子”，却也有人说她是“共匪”。

白纸黑字一本书，为什么出现两种水火不容的读法？

就读者来信分析，对“野火”存恐惧之心的以年纪较长、度过军旅生活的人较多，支持“野火”的则包括各个阶层、职业，与教育水准，但仍旧以大学生和三四十岁之间、受过大学教育的中产阶级为主流。更年轻的，十来岁的中学生就有点迷惑：

“国文老师要我们每个人都熟读野火,可是昨天副刊又有篇文章说你偏激,我应该相信谁呢?你是坏人还是好人?”

这样一分,一条清楚的代沟就浮现了出来。由对“野火”的反应,我们也更明确地看出台湾是怎样的一个转型期的社会。

为了行文的方便,让我用“上一代”、“这一代”这样稍嫌以偏概全的名辞。对于“野火”所鼓吹开放、自由、独立思考的观念感觉恐慌的上一代大致有三种说法。“我们忠心耿耿追随政府来台,政府就像父母一样对我们有恩,”一位退伍军官写着,“你的书所传播的根本就是反叛思想。”

这是第一种。把政府当父母,施政措施作恩德,批评视为“反叛”,流露出来的是根深蒂固的封建意识。我们的民主历练之浅,由此可见。

另外一种非常普遍的想法:怎么可以鼓励学生独立思考、争取权利?这不是闹学潮吗?

这个简单的“历史观”犯了两个根本的错误:第一,学生独立思考、争取权利并不等于闹学潮;第二,当年大陆上的学潮是果,不是因。学潮不是从石头里无缘无故突然蹦出来的孙猴子,一定是先有政治上的病态,人心不满郁积到一个程度,爆发出来才有学潮。我们若要避免学潮的发生,就必须在政治上力求公正合理,而不是设法锁住年轻人的头脑。

第三种说法:我们这一代抛头颅、洒热血、挨饿受冻才赢得今天衣食温暖的安定局面,你们这无知的下一代人在福中不知福，已经有了温饱还大声嚷嚷什么自由、什么人权……一个作家被关上一两年就是大不了的事，哼，比起我们这一代所受的苦，被关几年算什么玩意儿？

大概有不少父母都跟子女说过这样的话，带着很大的说服力。它一则诉诸感情——我为你牺牲过，你要感恩；二则诉诸经验的权威——我吃过苦，你没有，所以我是对的，你是错的。

就某些层面来说，他当然是对的。这一代应该对上一代充满感恩之情。这垂垂老去的所谓上一代，曾经在兵荒马乱之中紧紧搂着怀抱里熟睡的婴儿，曾经饿着肚子带孩子去付医药费，曾经推着脚踏车沿路喊“机器馒头”让孩子缴学费，后来又曾经把薄薄的一叠退休金换取儿女留学的机票。这个上一代，把自己躺下来铺成砖块让我们这一代昂首阔步地踩过去，“衣食温暖的安定”是上一代咬紧牙根拚了命才达到的终点，对这一代，那却是个稀松平常的起点，感恩，当然应该。

可是，这一代的“大声嚷嚷”并不是“人在福中不知福”。他已经有了衣食温暖的福，现在大声嚷嚷，追求的是另一种福，更高层次的福：民主、自由、人权……衣食温暖的安定只是基本的出发点，这一代当然不能以此满足；上一代如果认为这一代吃饱了、打个嗝，就该在安定中睡个午觉，那就太天真了，食物够吃了，开始求烹饪的精致。衣服够穿了，开始求设计的美好。社会安定了，开始要求有所作为。物质的丰富与环境的安定都只是社会要进步的基础条件而已。上一代奠定了这么一个基础，这一代或许就能建立一个开放自由、公理伸张的社会，作为下一代的基础，而“人在福中不知福”的下一代继续“大声嚷嚷”，或许我们就有了真正伟大的思想家、艺术家、政治家的出现。

这一代站在新的起点上准备往前冲刺，要拉也拉不回来的，除非你扭断他的胳膊。我们的社会若要和谐，这一代必须体谅上一代的经验，心存感谢；上一代也必须交棒，放手让这一代奔向一个不同的终点。这样才可能避免那水火不容的两极，也才可能回答更下一代的问题：“我应该相信谁？”

幸福没有止境

市场里的欧巴桑蹲在湿淋淋的地上剥玉米，为了凑足后生上大学的费用。她所关心的，或许是菠菜的收成与一斤几毛的价钱，后生所关心的，就可能是如何争取一个容许他独立思考的环境。“野火”对欧巴桑没有意义，对她的后生却有意义，我们能够盼望的是，有朝一日，后生的后生一出世就在一个衣食温暖、自由开放的环境里，他不需要经过挣扎奋斗就可以尽情尽兴地发挥他所有的潜能。

幸福，没有止境。《野火集》不过是一个追求幸福的呐喊！

10 万本，代表一个非常迫切的呐喊。

又是公假

原载于 1985 年 12 月 6 日“中国时报”

假使突然忘了自己身在何处，那么学生缺课的借口往往是最准确的指标。

“老师，下星期我要带家里的猪到德州去参加猪种竞赛，不能来上课。”

“汤姆去比赛驯野牛，他今天赶不回来。”

“老师，我后天要帮家里开收割机；收成季节到了。报告能不能延几天？”

没错，这是堪萨斯，美国的黄金谷仓。学校四周有绵延不尽的麦田，牛马漫步的草原，学校里有这些与泥土青草很亲近的农家子弟。

当皮肤黑得发亮，牛仔裤紧得要裂的约翰对我说：“教授，请原谅我昨天没来；昨天在巴士上被两个人莫名其妙打了一顿，我昏死过去，被人家送到医院……”

我知道，我在纽约市。

金发的茱莉说：“我本来可以赶上课的，但是在125街等火车的时候，有个人用刀子抵着我的腰，抢走了我的皮包——能不能给我补考？”

然后从委内瑞拉移民来的海蒂垂着头说：“我明天不能来上课。明天是哥哥的葬礼；哥哥上星期在中央公园慢跑，被人用剃刀割了喉咙……”

我仔细听着，点点头，但是不知道应该睁大眼睛表示震惊与同情，或沉着地不露声色——这个海蒂，不是上个月才说她缺牙的老祖母被枪杀了吗？上学期，她不是说做修女的妹妹被强暴了吗？她们一家有多少人？她能缺课几次？

当黑头发的学生在下面说："林秀美不在，公假！"的时候，我想：啊，回到了台湾！

这"公假"两字，既没有牛羊猪马的乡土气息，也没有杀奸掳掠的煽情刺激；它只是一张缺乏创意与想象力的小条子，上面盖了七七八八的章，但是小条子的意旨非常清楚：我有比你这堂课更重要、更优先的事要这个学生去做！

什么事比教授的讲课讨论还重要呢？

明晚校庆晚会，总务处要我去装饰会场。

南非拳击师协会来访，县政府要我们去招待7天。

青年团办ABC研习会，我要去受训。

土鲁共和国的土鲁大学代表来访，我们得去当翻译。

有议员来演讲，系所要我们停课去听，人太少面子不好看……

这种"公假"整学期络绎不绝，所幸每次、每个人所缺的课，大致不会超出几个小时。就学生而言，跟同学借个笔记，与教授课外讨论一下，倒也还弥补得过来。对教授而言，这不断的公假却是个不大不小的烦恼：我已经给全班考试了，却因为这个学生"布置会场"去了，我必须费尽心思重新出一份不一样的考题，还要安排额外的时间让他补考；换句话说，总务处要"布置会场"，间接地就占用了教授私人的研究时间。

这也还是小事吧？可是有一天，一个陌生的脸孔突然冒了出来："老师，我缺课两个月，因为政府派我去友好访问，刚刚回来——”

我不能不大吃一惊：一个学期总共不到4个月，缺了一半以上的课，他还能学到什么？这个“公假”未免太神奇了一点。

于是，做教授的就面临一个大难题、他应该挪出晚上看书、喝茶、听音乐的时间来为这个学生补课吗？这对教授不公平。那么，因为这是“公假”，所以老师可以对学生要求降低一点，放一点水，好让他期末过关？这对其他努力了整学期的学生不公平。好吧！公平论事，不管缺课多少，这名学生必须把所有的课业都弥补过来，通过所有大大小小的考试，评分标准也不打任何一点折扣——我大致可以肯定：这个学生非重修不可，因为课堂里讲的东西大部分不是一两本教科书的白纸黑字所能涵盖的，他没有听到，就不可能学到。可是，这对学生又公平了吗？他本来是因为有特殊技艺才光荣地出国“友好访问”，光荣的代价却是重修的惩罚。

占用正课时间，派学生出去的机构又是什么打算呢？要教授“牺牲小我”去补课吗？希望教授在分数上“放水”吗？还是算定了学生该重修呢？

“究竟是哪个机构安排的？”我好奇地问，心想八成是个不太懂得教学的部门——

“教育部”学生说。

在美国，常与教学“喧宾夺主”的“公假”通常不是政治义务，而是令美国人如痴如醉的明星球赛。每一学期都会有足球教练打电话来："贵班的吉米要缺一星期课，因为球队要到费城去比赛。"到了紧张的期末，紧张的篮球教练也来探问："莫里生会不会及格？有没有缺课太多？他英文非过不可，不过就不能当校队，没有他，校队就完了……"

有一次，一位教练写了封正式公函给英文系主任，要求系上批准名叫艾克的足球明星一礼拜请一小时英文课的"公假"。理由非常充分：第一，艾克是校队灵魂，第二，校队是学校的灵魂，每次球赛都为学校争光、赚钱，第三，练球非常耗时，不得不占用正课时间。

英文系主任也回了一个公函，内容大致如下：

史密斯教练：来函敬悉。

您要求让艾克请公假练球，应无问题，但本系亦有一相对请求。本系高材生威廉具学术及创作天才，本系拟推荐其为罗德创作奖学金得主，但该项奖学金亦要求有体育表现，而不幸威廉君四肢不全，且有突发性心脏病，经常发作。

为使威廉得到该项荣誉，本系想请您以威廉作为校队中锋，但因英文系课业沉重耗时，他势必无法参加您所有的球场练习，请您准予他一星期请一次"公假"，好让他专心写作。

威廉是本系灵魂，若蒙合作，则艾克球员请"公假"事绝无问题。

英文系　亚当教授

我们的初高中生常常被调去作“秀”：游行、排字、在大太阳下立正听讲、跳大会舞、作大会操等等。大学生比较少作这种大型“秀”了，却不断地作个别的演出：招待、翻译、受训、导游、公民外交，理直气壮地取消正课。而且所谓“公假”条，并不是一封信征询教授是否学生可以缺那一堂课，而是一纸通知单告诉老师：这个学生我要了，他没空上你的课。

我想，也该有人写这样一封信了：

某某长：

今早我班上有十位学生缺考，“公假”条上是您的签字，原来明天学校要颁荣誉学位给图图主教，您需要学生去准备会场，排演仪式。

虽然为这十位学生我大概得在课外再讲解一次课业，再出一份考题，再找一个合适十个人的补考时段，我却深觉值得，因为颁奖给图图主教当然比教课重要。

在此我也有一个小小的请求。我的戏剧课正在排演法国沙特的《苍蝇》一剧，需要几十人演苍蝇，苦于学生人数不够，所以想借用贵处职员十位，利用上班时间，来英文系分别扮演红头及绿头苍蝇。排演时间大约每次两小时，不知您能否给予您的职员这个小小的“公假”？

天罗地网

原载于 1986 年 5 月 17 日“自立晚报”

这一篇，又上不了主流大报“中国时报”，于是给了
当时颇为勇敢的非主流“自立晚报”，主编是诗人向阳。

又有人在动脑筋了。

台北县政府预备花5.053亿元的经费在观音山、淡水河口建一个公园，一个石雕公园。

建公园总是好事吧？现代人的生活那么紧张，活动的空间那么局促，一个公园，就像是读一个冗长得上气不接下气的句子好不容易盼到的逗点。

不过，台北县政府对这个计划中的公园期待很高，它必须“糅合传统艺术与现代风貌，又兼具文化、教育、休闲、娱乐的功能”。除此之外，它还要以“现代社会进步情况和优良传统伦理道德为题材，表现传统的石雕艺术，发挥美学教育的功能”。(4月14日“《中国时报·地方版》”)

这座公园真是任重道远。里头的石雕不只要表现传统手艺，还得宣扬现代台湾社会进步情况。对谁宣扬呢？当然大多是台北县民，为什么要宣扬呢？显然是让民众了解“政府为你做了什么”。如何宣扬呢？所谓社会进步情况，在台湾，那大致是指很硬、很大、水泥做的东西了：高速公路啦，飞机场啦，水坝啦，哦，别忘了核电厂，都是我们最骄傲的成就。八里乡、五股乡，大概没见过世面的草地郎特别多，没见过什么高速公路与核电厂，不知道我们社会的进步情况，所以台北县政府认为这个石雕公园可以担负宣导的任务。拿块大石头，用人工一刀一刀刻出一个核电厂的模型来，就可以充分地“糅合传统艺术与现代风貌”了。

可是且慢，这个公园还得发扬“优良传统伦理道德”，我们的"优良传统伦理道德",积5000年之久,实在太多了,最重要的,或许是忠孝仁爱信义和平吧?这么抽象的思想如何表达呢?缺乏艺术修养的我只能想出两种方式;一是模拟,譬如说,将石头刻出一个军人敬礼的姿态,代表"忠";刻两个石头一立一跪,代表"孝"等等。另一个方式比较简单,干脆把8个石块刻出"忠孝仁爱信义和平"8字,一列排开,让所有进出公园的人一抬眼就看见。这样直接的教化对五股乡的草地郎比较有效,但是有一个缺点,去游访的台北市民会以为这些石块刻着路名。

又是现代社会进步情况,又是优良传统伦理道德,这样双管齐下("双管齐下"的意思就是,两根管子中部装满了思想的饲料,往一个喉咙同时灌下),观音山下这个公园才可能达到计划中的文化、教育、休闲、娱乐、美学等等多重功能,这些功能翻译出来,就是小学墙上到处都写着的"德智体群育乐"的标语。台北县政府真正是面面俱到,一个公园同时也是教室、美术馆、游乐场、博物院,等着教化每一个踱入公园的人。

这种公园真令人不寒而栗。看看我们公园外的世界:道路,是让人走的,可是有人觉得路也要发挥宣导教化的功能。于是我们走路时,眼睛还得忙碌地吸收知识;直的标语、横的口号,像鞭子一样抽打在眼睛上:尊师重道、消除脏乱、两个孩子恰恰好……火车,是让人乘坐从甲地到乙地的,可是一坐下来,眼睛才闭上,耳朵就开始受训:我们要团结合作、自立自强、努力奋斗、自新向上,我们要……信封,是用来装信邮寄的，一翻过来，跳入眼里就是“保我民族文化，还我民族自由”。餐厅，是让人享受食物的地方，可是一面喝汤，一面就躲不过红柱上的贴条：“注重食品安全，讲究卫生习惯”，“大声喧哗，扰人安宁”。

或者，到淡水看看古迹吧！进入台湾一级古迹的红毛城，放眼看去，到处都是写了字的牌子，不是介绍古迹的解说，而是“禁止在此小便”！禁止在此小便？在红毛城？这牌子或许是立给狗看的，但人的眼睛却不得不看，而且看了之后很难忘记。

好，那么到青翠的郊外走走吧！郊外没有“写”的污染。看看远山，啊，远山上赫然有几个巨大的字，由草木剪排而成，不是学校名称就是伟人的名字。看山不是山，看水不是水。那么看看近树吧！近树，被剪成鱼，剪成鸟、兔、乌龟，反正就不是树。那么走到岩边远眺吧！岩边有个水泥做的凉亭，鲜红的亭柱上，有字：万恶淫为首，百善孝为先。到空旷的海边去吧，海边应该只有水天无际。不，海边有个花枝招展的小庙，庙柱上的文字要人及早觉醒，回头是岸。

字字字字字字字，为什么没有人抗议字的污染，山不是山，水不是水，树不是树。山、水、树，对于某些人，似乎都只是宣传道德思想的工具。我们“教化”的过程开始得很早。上了幼稚园，要跟老师唱“哥哥爸爸真伟大……当兵笑哈哈”，当了小学生，庆祝儿童节的意思就是站在苦热的太阳底下听校长演讲“如何孝顺父母”。中学以后，要诵读青年守则十二条，大学里，作文题目永远是“为学与做人”等。离开学校，以为饱受“教化”的头脑可以休息一下了，没想到，走路、坐火车、买信封、进餐厅，无处不是教条，无处不是字，霸道地将意义刺进疲倦的眼里，种在已经没有一寸空地的脑海。连本来只有宇宙意义的山林草木都被刻意组排，加上人为的意识，作为宣传的道具。

不留任何一点舒适的空间，充满教条的生活环境像一张漫天漫地的巨网，劈头罩下来，无处可躲。

于是又多了一个石雕公园。这一排石头提醒你忠孝仁爱信义和平。上前拐个弯，一个大石碑刻满了字，告诉你，你刚刚经过的那一排石头解释现代社会进步情况，另一排石头提醒你优良传统伦理道德，哦，你还遗漏了厕所前面那个石头，刻着“禁止在此大小便”，厕所后面那排石雕告诉你这个公园耗资5.053亿元，由纳税人提供，目的在供给你德智体群育乐；这个石雕公园在教育你、美化你、唤醒你、提升你、文化你、改造你……

我所害怕的一个未来：窗外的杜鹃花排出“奋斗”两字，远处的观音山上出现一个大石碑，上面写着“复兴中华文化”。天空里的白云吹成字：见贤思齐。淡水的关渡桥梁钉上四个牌子：“饮水思源”。新兴建筑区飘上一个大气球，气球写着“努力向上”。校园里的草坪，由上俯视，排成一个“忠”字。然后，再加上一个扩音器，每个小时播送刚硬的女声：我们要发扬……光大……

啊,是谁在制造这么一个没有逗点没有留白没有空间没有思想自由紧得透不过气来密得挣脱不掉使眼睛耳朵头脑疲惫不堪天罗地网的环境?

给我们一个公园,一个没有字,没有意义、没有教化,只有青草怒长的公园吧!

弱者，有没有说“不”的权利？

原载于1986年6月3日“中国时报”

收尸车已经堆得满满的，密密麻麻的苍蝇粘在裸露的尸体上，太阳晒着。工人一把抓起拉吉夫的身体，在尸车上找了一个空隙，把拉吉夫的头往下塞一塞，他的两脚还是在车外；车子又发动了。

小小拉吉夫只有 6 岁，头发很黑，眼睛很亮，腿很细瘦。美国永备化学工厂泄气，6 岁的拉吉夫只是所谓第三世界国家的一个小孩，跟他一起暴尸街头的还有几千个印度人，老的少的男的女的。拉吉夫怀孕的母亲，即将生下的孩子不会再有浓密的黑发，明亮的眼睛。

弱国，有些什么特征？许多人会说：人口多、经济落后、政治腐败、社会不安、土地贫瘠等等，然后举印度、菲律宾、乌拉圭……为例。但是，还有一个很重要的特征：他不会说“不”。

先进国发展出“神迹麦”、“神迹米”，饥饿的弱国说“要”，于是大量地引进，新品种很快地取代了传统品种。“神迹米”长得快、长得多，“绿色革命”使弱国充满了希望，使强国充满了成就感。

可是大地有它自己的平衡原则；任何一个种下的“因”，在短近或长远的未来，都会结出一个“果”来。而这个“果”，对短见的人类而言，很可能是个恶果。新的品种需要大量的化学肥料。一亩传统田或许只需要 30 磅的氮肥，一亩新品种却不得不用两倍到四倍的氮肥。另外，为了维持新品的高产量，杀虫剂的需要也急剧地增加。记得 DDT 吗？一点点 DDT 流入水中，不算什么。但是水中有藻类，经过食物链的累积产生放大作用，由藻类而鱼类，当那一点点 DDT 渗进吃鱼的鸟类中时，浓度已经达到7万倍！因为体内高浓度的 DDT 妨碍了钙质的新陈代谢，蛋壳因而变薄，经不起孵就破裂。许多鸟类因此没有下代。

同时，在母亲的乳汁中出现了超过安全度的 DDT；鸟，失去了下一代，那么我们的母亲呢？

神迹米需要化学肥料；当先进国的化学企业问是否能到印度设厂时，贫穷的弱国兴奋地说“要”，小小拉吉夫的父亲兴高采烈地变成化学工厂的洗槽工人。毒气外泄的那一晚，拉吉夫的父亲就倒在槽边。

先进国制造了婴儿奶粉，但是自己国中的医生劝导妇女拒用奶粉，于是奶粉企业“跨国”而到第三世界来推销；弱国说：“要！”跨国公司买下广告，告诉弱国消费者奶粉比母奶科学又高级。然后买通妇产科医生，使医生鼓励妇女用奶粉育婴。很有效率的，整个弱国的下一代都成为吃奶粉长大的下一代。

烟，不管科学证据是否绝对，基本上大部分人都相信它对人体有害。先进国的烟草企业需要大量的草叶供应，问巴西是否需要外快；弱国说：“要！”于是一亩一亩的大树被砍下，换上烟草。传统的杂粮米麦，也被烟田取代。说“要”的结果呢？钱是赚了，但是非正式的调查指出，每烘焙三百枝烟的烟草就是一株大树的砍伐，树的砍伐，对生态平衡造成潜伏的危机。潜伏的危机还不是看得见的危机。这些像王国一样富强有势的香烟企业，在自己先进国家中饱受约束，不准做电视广告，一些比较守原则的刊物,比如《纽约客》和《读者文摘》,也拒绝刊登香烟的宣传。香烟王国因而转向第三世界。据 1976 年的调查,雷诺公司花了 500 万美元,买通了 30 个国家的中小官吏,菲立蒲莫里斯公司则承认花了 240 万美元用在 7 个国家的大小官吏身上。这些钱所买得的,是弱国一个大声的"要"字。巴西的街头,电视、广播中,无处不是香烟广告。生动的画面,诱惑的讯息,很技巧地使中年人觉得吸烟代表社会地位,使青少年以为吸烟表示帅气、成熟。愈来愈多的青少年开始染上烟瘾。在土耳其,任何公共场所都是烟雾弥漫,婴儿与小孩在其中,也甘之若饴。

在经济上,我们已经不处弱势,但是,在说"不"的智慧上呢?

每一年,我们买进近 3 000 万美元的烟草。从今年 8 月开始,我们对先进国的香烟王国说"要",就要进口 100 亿台币的香烟。这个"要",当然有它的理由。既然同是损害健康,我就看不出为什么非要指定由公卖局来垄断不可。但是,"要"了香烟之后,还有接着而来的问题:如果香烟王国要求公开作广告呢?我们现在的回答是"不",可是很令人不放心。如果他们也花 500 万美金来与我们的大官小官"沟通沟通"呢?钱,是不是会把"不"买成"要"?

坚持说"不",要有智慧,要有勇气,也要有基本的节操。台湾的土地与生活在这块土地上的人,已经受到多年来闭着眼说"要"的毒害,让我们学习说"不"吧!

民主？
理直气壮罢了！

原载于1986年12月15日“中国时报”

很难得的，这两天的国际大报以相当重要的版面报道了台湾的消息。而这一回，消息的内容不是陈文成与刘宜良之死，或者李亚频之逮捕，而是戒严法的取消与选举的结果。国民党的革新举动在国际舆论上引起一阵刮目相看的反应。

在选举竞争的吵吵闹闹中，忙碌的活动与激烈的争执容易使人暂时忘记了活动与争执的根本目的是什么。我们的目的是民主吧？而且是里外一致的、货真价实的民主。走到台北的天桥上去，随便拉住一个小市民来问问：究竟为什么需要民主？他会说出什么样的话来呢？你不妨试试看。

我倒是很确切地知道为什么要为实质的民主嘶喊。第一个理由：我要我的社会，以及代表我的政府，做个有尊严、受尊重的社会与政府。

多少年来，台湾的国际地位一直不高，手边一封寄自美国的读者来信是个小小的见证：

> 台湾的国际形象不断地在下跌中。不断发生的政治、经济、社会各方面的事件，都是下跌的原因。今年8月15日，洛杉矶电视台的一个电视节目Nightline播出了施明德的近况，并要求人们写信给蒋先生表达对施的关切。而同时，对祖国大陆的报道则都是正面、肯定的：祖国大陆正继续开放中，祖国大陆的经济情况好转，人民购买力增加，祖国大陆山明水秀、领导人英明……这些新闻节目摆在一起，给人什么印象？而为什么提到台湾地

区的新闻就都是“鹿港居民示威抗议，政府出动警力”、“国民党宣布公政会为非法组织，党外誓不屈服”等等，使不了解情况的人以为台湾人民都生活在水深火热之中？我们爱台湾的人看了这些节目都生气，可是偏偏这些新闻又都是真的……

西方的传播界如何在有意无意间把台湾表现为一个高压控制的社会，可能和西方的双重标准有关。共产党国家稍稍开放一点点，就会大篇幅赞美，号称“民主”的地方出一点事，却会大加鞭笞。了解远东的人，知道这是双重标准在作祟；不了解远东的人——大多数的西方人都是不了解远东的人——却因此而得到一种印象——台湾是个警察控制的社会。警察控制的社会可以得到国际的尊敬吗？

“台湾没有那么不自由！”许多人想抗议，尤其是海外的留学生，可是张开了喉咙却不敢把声音发出来，因为任何人都可以指着戒严法，冷笑一声，不发一语就赢得了一场辩论。

我们并不是为了讨好国际舆论而致力于台湾的民主化，但是作为地球村的一分子，台湾需要别人的尊重。如果自称是百分之百的“自由”而只作百分之五十的民主，剩下的百分之五十则用各种借口去说它“不合实情”，台湾就不能理直气壮地抗议别人的轻视。毕竟别人的尊重来自自重。

如果你在天桥上拦下我来，我会对你说：是的，我要实质的民主，因为我不愿意别人轻蔑地说我的社会是言行不一致的假民主，不愿意有人瞧不起代表我的政府。当西方的电视台报道台湾的政治迫害时，我希望能理直气壮地抗议：嘿，老兄你搞错了，咱们这儿没有迫害这回事。我要的，是那份理直气壮。

理由之二，我相信实质的民主可以给我一个理直气壮的政府。

选举期间，有人烧党旗、破坏警车，有人打宪兵、搜证人员，有人发黑函、毁谤造谣……一方面，“脱法”事件层出不穷，一方面，执法机构束手无策，造成所谓“法律假期”。候选人站在台上说：“法令规定不可以游行，所以我们不游行。我们现在要‘散步’到‘总统府’去；只是散步，你们不要跟；不过你们要跟我也没有法度，先跟你们讲好……”

群众哄然大笑，一两千人的队伍开始在市区“散步”起来。在那一声哄然大笑中，法令的尊严、政府的威信，荡然不存。

有心人于是纷纷在报章杂志上讨论如何维持政府的公权力，在我看来，这不应该是如何维持的手段问题，而是公权力本身的性质问题。所谓公权力不过是法令的约束力，当民众拒绝受它约束而向它挑战的时候，一个负责的执政者所亟需做的，不在于如何强硬地贯彻始终，而在于重新审视这个不断受到挑战的法令，应改则改，应废则废，否则，守着一个与现实脱节、与民意不合的法，执行，与人民起冲突；不执行，让人民嘲笑，执行或不执行都做不到理直气壮等于是执法者拿石头砸自己的大脚。多年来的戒严法就是个很好的例子。

有些人批评台湾政府管得太多,自由不够,却也有许多人反驳:谁说不够?你看某某政论杂志如何如何毁谤某某党政要员,政府也没管他,台湾简直太自由了。

用脱法或犯法的行为来证明台湾有自由实在是很荒谬的。在一个正常的民主社会中,批评固然是公民的权利,毁谤却是犯罪,以毁谤、打人、烧警车而不受制裁来证明我们是个民主社会等于是打自己的耳光来证明自己健康。值得探讨的是,为什么执法者容许这么多脱法的行为?简单的问,为什么该罚的不罚?

简单的回答:因为不该罚的罚了。比如言论自由,到现在为止,30年代的文学还在管禁之列,每年由不同的单位,以不同的标准而查禁的书刊也不知有多少,落得钳制言论的恶名,但是面对社会强大的革新要求,又要维持民主形象,有些东西又不便或不敢取缔,于是在取缔与纵容之间,摇摆不定,造成“脱法就是自由”的怪现象。

比如交通。在台北的外国人圈子里曾经有过一种说法:台湾交通乱,原因之一是警察执法不严,而不严的原因,是因为人民在政治权利上已经受太多的束缚,如果警察再严格执法,会使台湾成为一个没有出气孔的压力锅,要爆炸的。所以交通乱,也是政府刻意容许的一种情绪的宣泄。

这个说法是不是胡说八道,你自己去判断。不过如果它是对的,它就解释了公权力不张的部分原因:因为在不该严的地方严了(政治权利),所以在该严的地方(交通法规)就不严。

脱法行为频繁，公权力低落，有一个更根本的原因：执法者与执政者同体。挑战者脱法，因为他认为那个法是由执政者单方面订定的，他没有义务认同。执法者虽然有心执法，但是因为与执政者同体，执起法来就难免背上“迫害”的大帽子。为了避嫌，只好让法律放个假。

如果你在天桥上拉住的行人刚好是我，我要告诉你：嘿，欠缺公权力的政府不能办事呀！我要实质的民主，因为有了真正的民主，执政党就不怕别人说它极权，说它迫害，反正一切依法行事。反对党有最大的自由作最严格的批判，但一旦涉及造谣毁谤，执政党可以不留情地反击。人民有充分的自由生活，但一旦触法就要为自己的行为担负后果。法律既然产生于全体的共识，执法者就有绝对的威信。

换句话说，我要一个理直气壮的政府，不心虚、不愧疚、不道歉，不怕嫌疑；这样的政府，只有实质的民主可能产生。

戒严法的废除，新党的成立，将是台湾政治史上一个划时代的突破。如果取而代之的法令不是换汤不换药的“新戒严法”，台湾的“明天”或许真的“会更好”。立足点平等之后，有志气的国民党员就不再需要为自己占有特权而心虚、道歉，他可以理直气壮地去和反对党拼死斗活，是赢是输都没有人敢轻蔑地说他作假。国民党大刀阔斧的改革是一种追回自尊的表现。

许多中学的墙上有这样几个大字：“做一个堂堂正正的中国人”。写字的人也许不会想到，事实上，只有在实质的民主制度中，我们的下一代才可能做“堂堂正正”的中国人，所谓“堂堂正正”，不过是理直气壮罢了。他不必躲躲藏藏地读禁书，不必畏畏缩缩地不敢说出对时事的看法，不必因为批评了学校当局而被记“暗”过，不必为了参与社会活动而被迫停刊，更不必奉唯唯诺诺为美德……你还要我说下去吗？

（本篇略有删节）

文化的困境

发表于1986年8月11日晚，台北

“野火”出书之后第一次公开演讲，在耕莘文教院。一圈又一圈的人挤得无法动弹，长龙排到马路上去，很长很长，而事实上，外面的人整晚都挤不进厅里。隐藏很久的“野火”作者终于要出来了。

从《中国人，你为什么不生气》到这一天，“野火”像一场作者与读者的“密谋起事”，这是第一次两照相会。我的心里忐忑不安，觉得便衣警察在黑压压的人群中无所不在，在演讲中，麦克风还真的突然中断，大家面面相觑。当晚的讲题，是一个在公开演讲中太危险的禁忌——我要谈台湾“乡土意识”：

“我手中的小学社会课本一共有12册……综观这12册，我发觉台湾基本上被当作中国华南地区的一个省份来处理……真正专注于讲解‘台湾’的，在1200页中只有30多页！

“……我在这里所迫切呼吁的，是不管今后政治走向如何，我们一定要开始建立‘乡土意识’，简单地说，全心全意地重视台湾……我们活生生的‘生活环境’，台湾，绝对不能够只是1200页之中的30页！

“要建立‘乡土意识’，首先，教科书必须全面的改写，告诉下一代，台湾不‘仅只’是个复兴基地，她也是个有历史、有文化、有长久的未来，需要细心经营的‘家’……我觉得政府和民间两者都还没有体认到‘乡土意识’的缺乏是许多问题的症结，也还没有认识到‘乡土意识’的建立是如何迫切的一个课题。我在1986年8月的今晚提出建议：我们的教科书必须改写，你想哪一年才可能实现呢?”

物换星移，权力换手，台湾“民主”了。1999年回到台北，站在台北议会的质询台上，我被民进党议员高声指控为“不是台湾人”。2002年有一次在市政府一个电梯里，碰见一群怒气冲冲的人，看见我，劈头就说：“大中国主义者，滚啦！”

今晚所要谈的，是在台湾生活了这三年之后，就一个关心台湾、认同台湾的知识分子的角度，在我临别前夕作的一番回顾与整理，用“困境”的方式表达出来。我认为台湾现在面临着两个比较根本、比较严重的困境。这第一个，我称它为“独立思考的困境”，第二个，是“文化的困境”。

台湾的知识界喊“独立思考的重要”喊了几十年。我自己这一两年的写作，不管是《野火集》或“评小说”，都在不断的用各种方式来呼吁独立思考的必要。于是有读者问：“独立思考？从哪里开始？”

这个问题看起来简单，其实牵涉太大了。但是先让我离题一下。

1965年，日本前东京大学教授，一个叫家永三郎的，对日本政府提出控诉，原因是他所写的日本史教科书有某些历史诠释与“国策”不合，不为文部省所接受。家永认为日本政府侵害了学术的自由，违背学者的良心。这场诉讼经过一审二审，有胜有败，持续了21年之久。

家永的诉讼案在台湾没有引起注意；引起注意的是1982年的教科书删改事件。为了迎合政府的喜恶，教科书的编者们纷纷把“侵略”改成“进出”，把“南京大屠杀”事件加上一个莫须有的问号，表示它可能根本不曾发生过。中国人于是生起气来，对日本政府提出抗议。

家永的立论是，一个政权或政府，没有权利操纵人民的思想教育内容。这种立论有它的历史背景。战前的日本，跟目前的中国台湾一样，所有的教科书都由政府统一编制，也就是说，由政府来决定学童应该接受怎样的一套意识型态的灌输。这种做法潜伏着巨大的危险，我们中国人是身受其害的。有一个流传的故事：一个日本老师拿了个大苹果给学童看，问他们“好不好吃”？天真的学生说“好吃”；好吃的话到哪里去拿？中国的满洲。在这里，教育成为执政者的工具，将侵略意识潜移默化地种在下一代的心里。（这个流传的小故事当然是中国老师讲给中国孩子听的，以求达到另一种目的。）

把教育作为一种政治手段，就是家永一类的学者所惧怕的，他们害怕历史的大悲剧重演。战后的日本和多数欧美国家一样，教科书由民间自行编制，政府只能审核品质，但是不能操纵它的内容。这种做法的目的，当然在避免一个政府有计划、有系统地制造易于统治的顺民。

受过日本人迫害的中国人庆幸日本教科书不再由他们的政府控制，也对家永这样敢为良知与真相而与政府对抗的学者大大加以赞美。嘿，可是我们的观察不能到此为止吧？家永三郎所争取的，是日本学童探求真相、独立思考的权利，我们应该逼问自己的是：我们的孩子有没有这样的权利？台湾有没有自己的家永三郎？容不容许这样的人存在？当我们的学者对历史的诠释与政治权威不合时，他有没有“奋斗”的可能？

有意图的意识型态灌输是不是只发生在不开放的社会中呢？一位美国教师到俄国旅游了一趟，回来之后在教室里放幻灯片给孩子们看,有一张幻灯片是莫斯科的街景:宽大的街道,夹在两排美丽的大树之中。老师随兴地问:"说说看,为什么种了树?"

孩子争先恐后地举手回答:"树里头有间谍!""叶子里可以放窃听器!""树干后面有干部可以监视人民。"

做老师的当场吓了一跳,回家之后开始思索一个问题:一张非常单纯的照片,为什么这样稚龄的孩子会有那样"政治化"的想法?

第二天,他又放了一张幻灯片,芝加哥的街景:宽大的街道,夹在两排美丽的大树之中。他问孩子:为什么路边要种树?孩子们抢着回答:乘凉,美化市容,空气新鲜;结水果,玩"躲猫猫"……这位老师因此写了篇文章,对美国社会中的教育与资讯是否真的免于操纵和灌输表示深切的怀疑。

好了,这就回到了我原来的主题:独立思考。当大环境中的教育管道、资讯内容都受到控制与操纵的时候,独立思考实在是非常、非常困难的。思索"独立思考从哪里开始"的时候,我找来了台湾小学的社会课本,想看看我们的孩子究竟在学些什么。

随手一翻,就看到这样一个题目:"大有为的政府"。内容,不必说诸位也知道的。可是天哪,这哪能算"教育"呢?这是纯粹的宣传,而宣传的对象竟是我们七八岁的孩子!有许多人不满意政府在外交、环境及教育各方面的表现,同时有许多人认为台湾丰衣足食、教育普及的局面归功于这个“大有为”的政府。但这并不是问题的重点；不管我们的现任政府有为不有为，教科书中都不应该出现“大有为的政府”这种塑造意识型态、制造顺民的题目。如果教育者有良心给我们的下一代独立思考的余地，这一课的题目就至少必须改为：“怎样才是一个大有为的政府？”把评鉴政府作为的标准列出来，让孩子自己去下结论。

可是，诉诸于教育者的“良心”是个治标不治本，不是办法的办法。只要编制教科书的权利垄断在政府的手中，哪一个政府舍得放弃“制造共识”的大好机会？根本的办法，是效法先进国家把编制教科书的权利交给民间学者。可是你说，如果民间学者存心讨好，也写出“大有为的政府”这种课文呢？如果教育部门在审核过程中只核准那些有“大有为政府”一类课文的教科书呢？如果学童的父母其实根本不在乎孩子接受什么样的思想教育呢？

你这样假设，我只能说：如果台湾的学者存心讨好当权而出卖良知，如果政府本身毫无意图让民主思想落实，如果中国的父母并不在乎下一代是否有独立思考的自由与能力，那台湾是“原始”得很，独立思考不说也罢。

可是台湾不是这样的。我们有耿直远识的知识分子，有广大的中产阶级，已经为人父母，非常强烈地渴望他们自己与下一代有独立思考的空间。一方面是这种强烈的渴望，一方面，几十年来在社会各个角落，在人心深处，所埋伏下的意识型态的重重关卡暗桩，很不容易拆除；教科书只是重重关卡中的一个。

思想的关卡暗桩不拆除，台湾就难有根本的、实质的进步，这是困境之一。

第二个困境，我称它作文化的精神分裂。

近一年来，我们的观光局在发警报：来台湾的观光客越来越少，很多人都被祖国大陆吸引去了。于是专家们分析原因，比如出入境限制太严格，不方便；台湾宣传不够；台湾环境太脏乱等等。这些当然都是重要的因素。可是，就我对西方人的了解而言，旅客舍台湾而就祖国大陆还有一个很根本的原因，那就是，台湾没有文化特色可言。

怎么说呢？我们对外的宣传是：中国文化在台湾，要看中国到台湾来，换句话说，以“中国”作为号召的旗帜。祖国大陆没有开放以前，这还行得通，开放以后就不行了。观光客要凭吊孔夫子的出生地、杜甫的草庐、岳飞的坟墓……这些，台湾有吗？没有。观光客要瞻仰闻名已久的扬子江、黄河、泰山、西湖，这些，也不在台湾。观光客凭什么要到中国台湾来找寻“中国”呢？

可是台湾不是没有她自己的东西：作为一个亚热带的岛屿，她有高山森林，有海洋礁溪；她有台湾本土的与山地同胞的文化；她的半民主与经济的富裕也构成一个独特的现代中国景观。问题是，台湾本身所具有的这些特色，我们根本不去提;我们一心一意强调的,是台湾如何如何的“中国”——从外人的角度来看,就像个幌子。有的说没有;没有的说有。

这个问题在我自己的成长过程中也构成一个难题。我在台湾南部长大。通常一班60个小学生当中,只有一个外省小孩,我就是。我所面对的,是台湾的语言、台湾的山川土地、台湾的生活方式,可是身受的教育又时时在耳提面命:我所面对的,都是次等的、暂时的,这里不是我的家。台语是鄙俗的,歌仔戏是下流的,台湾歌没有格调,拜拜是迷信……说着一口标准普通话的我,心里有一种优越感——“我”,不属于台湾的“次等”文化。

我在这种优越感中长大。1979年我在纽约,遇见一位刚从湖南出来的人。他从长沙搭火车经过广州,再从香港来美。带着浓重的乡音,他谈湖南的湘江、乡下的茶油树、辣椒山;然后问我:“你是哪里人?”

我愣住了。我能告诉他我是湖南人吗?不能,我不会说湖南话,对湖南也一无所知。那么应该对他说我是台湾人吗?一瞬之间我又深切地感觉到自己的贫乏:不会哼一句台湾歌,没看过一场歌仔戏,从来不曾在庙里上过一次香,不知道廖添丁是什么东西——一直视台湾为次等文化的我,现在又怎么能说自己是“台湾”人呢?

纽约的经验给我很大的震撼,发觉自己是那样一个无根的人,而无根的原因在于我身受的教育:是我的,我不承认;不是我的,我假装是。结果,却是什么都没有。我说“文化上的精神分裂”，就是这个意思。

那么世居台湾的所谓本省人，是不是就比我“有根”呢？也不见得。淡水有个红毛城，但是你去问淡水的居民那个红毛城到底是个什么意思，恐怕十个有八个说不出所以然来。只知道那边有个土红色的城墙，上面挂着一面旗，外面有很多摊贩卖淡水“铁蛋”。进入城里的话，你会看见里头有些桌子椅子，但是没有任何说明（现在不晓得是不是改了?!）。惟一的“说明”是很多很多木牌子，上面写着“禁止在此小便”！我真觉得纳闷：是真的有那么多人在那么多角落里做那件事吗？怎么这么多牌子？

台南的亿载金城旁边要建一个迪斯尼乐园，案子送到台南市长那儿，居然也通过了。陈奇禄先生表示很伤心。但是台南市的老百姓是否伤心呢？大概十个中又有八个根本不知道亿载金城是个什么东西。

所以对我们生活环境蔑视、忽视的，还不只我这个自认为不属于这里的“外省孩子”而已。几百年来生生世世在这的人似乎对台湾本地的传统也漫不经心。在这里，我们又要追根究底了。

我手中的小学社会课本一共有 12 册，每册平均 100 页，总共是 1 200 页左右。社会课本开宗明义地指出两个宗旨，一是让我们的下一代了解中国的历史渊源，二是使他们了解我们的“生活环境”。综观这 12 册，我发觉台湾基本上被当作中国华南地区的一个省份来处理，它所占的比例可想而知。真正专注于讲解“台湾”的，在1 200页中只有三十多页！如果整个12册的宗旨在让孩子们了解他的“生活环境”，为什么这个“生活环境”只占四十分之一呢？

而这宝贵的三十多页又是怎样地来描写台湾的呢？它所强调的主题是：“台湾是复兴基地。”让我们推敲一下“复兴基地”是什么意思。

它基本上有两重涵义：第一，它是军事的，也就是说，买战斗机比建精神疗养院重要。第二，它是暂时的，只是一个“基地”而已，不是安身立命生于斯死于斯的家园。

台湾，就是这样一个地方；我们的社会课本这样教我们的孩子。怎么能怪我这个“外省孩子”不把台湾当回事呢？怎么能怪淡水的居民不了解台湾呢？

谈到这里，我大概已经碰到了敏感地带，让我作一下说明。台湾在政治上何去何从，不是我谈话的主题；我不懂政治，没有资格在大众传播上发言。我在这里所迫切呼吁的，是不管今后政治走向如何，我们一定要开始建立“乡土意识”，简单地说，全心全意地重视台湾。了解我们的历史渊源固然重要——我们都是骄傲自尊的中国人，可是我们活生生的“生活环境”，台湾，绝对不能够只是1 200页之中的30页！

要建立“乡土意识”，首先，教科书必须全面地改写，告诉下一代台湾不“仅只”是个“复兴基地”，她也是个有历史、有文化、有长久的未来，需要细心经营的“家”。历史老师不只告诉孩子们玄武门事变与黄花岗七十二烈士，还要带着小学生去看卑南遗物，走草岭古道。地理老师不只告诉孩子们青海高原的气候如何，更重要的是领孩子们坐阿里山的小火车，观察在哪一个气候带有哪一种植物。讲解宗教时，老师不仅只谈书本上的儒道释，还要带孩子们到庙里去，在香烟袅袅中告诉孩子们妈祖、土地公、七爷八爷、城隍爷究竟是怎么回事。

"乡土意识"要这样从根植起，让它慢慢发芽、长大，在台湾这块土地上生活的人——没有外省本省的分别——才可能建立起有特色、有实质的受全体认同的文化。目前的状况是，祖国大陆的文化我们带不过来，带过来的也是零碎的、断层的；眼前的文化，好像又不愿意认同，在这种前后不接的空虚状态之下，西方的强势文化，还有日本文化，很容易就可以席卷台湾。最近很多人对日本"原宿"次文化的侵袭表示着急担心，我在暗笑：台湾受美国文化腐蚀已这么深，再加上个日本文化，有什么好大惊小怪的？难道受日本文化侵略不可以，受美国文化全面占领却理所当然？

重要的不在于如何武装自己，排斥外来文化的侵略，如果台湾本身有一个扎实的文化体，它自然会从容不迫地面对外来的冲击，加以挑选淘汰。没有一个扎实自足的文化，冲击一来就头昏眼花，无所适从。然而扎实的文化从哪里来呢？最迫切的就是必须突破我所说"文化精神分裂"的困境，大大地张开眼睛重新认识台湾这个"生活环境"，承认它，肯定它，拥抱它。

在建立“乡土意识”这个方向上，政府其实已经有了起步。身分证上加上“出生地”是个小小的动作，却有重大的意义。台北市地铁的兴建，也是一个眼光长远的投资。最重要的，当然是保护生态环境的百年大计。这些起步虽然嫌晚，但总比没有好。不过起步也只是起步而已，离问题的真正解决还遥远得很。我觉得政府和民间两者都还没有体认到“乡土意识”的缺乏是许多问题的症结，也还没有体认到“乡土意识”的建立是如何迫切的一个课题。我在1986年8月的今晚提出建议：我们的教科书必须改写，你想哪一年才可能实现呢？

今晚所谈的两个困境——“独立思考的困境”与“文化精神分裂的困境”——都因为有政治意识的纠结而不太有“摊开来、大家谈”的机会。一谈到独立思考、马上有人叫“学潮”、“动乱”，像喊“火灾！火灾”一样。“乡土意识”又可能被误解为“台湾独立”，比“火灾”还要可怕。让我们有一点硬碰硬、面对问题的勇气吧！独立思考不是毒蛇猛兽，它是一个民族的生机，没有那个能力，一个社会只能原地踏步。至于“乡土意识”，在有人急着给我戴顶大帽子之前，让我念一段“野火”的片断：

我不知道谁视台湾为家。有人依依不舍地回顾过去的大陆，有人拿着绿卡飞向未来的大陆，有更多的人不想过去，不想将来，也不知珍惜现在脚下的泥土。我是个要浪迹天涯的人，但是深切知道，即使穿着凉鞋的脚踩在土耳其的石板路上,别人问“客从哪里来”时,我只有一个答案:不是湖南,不是纽约,不是慕尼黑。家,可以暂时挥别,可以离弃,可以忘怀,但家,永远还是那么一个。40年后的台湾,有想走而走不掉的人,有可以走而不走的人,也有一心一意在这儿今生今世的人;不管哪一种,只要他把这里当“家”——心甘情愿也罢,迫不得已也罢——只要他把这里当“家”,这个地方就会受到关爱、耕耘、培养。怕的是,过了40年仍旧不把这儿当家,这个家才会破落。

我的“乡土意识”,不过如此。

在临别的今天晚上,你或许要问我:对台湾有什么样的梦想?

有的。

今天晚上,站在这里说话,我心里怀着深深的恐惧,害怕今晚的言词带来什么“后果”。我的梦想是:希望中国人的下一代,可以在任何一个晚上,站在任何一个地方,说出心里想说的话而心中没有任何恐惧。我们这一代人所作的种种努力,也不过是寄望我们的下一代将有“免于恐惧的自由”。

这是我今天晚上最后一句话。非常感谢你的聆听。

（本篇略有删节）

野火二十年

从“当家”到“作主”

——二十年后重读龙应台《野火集》有感

中兴大学台湾研究所副教授　向　阳

1984年11月20日，龙应台在“中国时报”人间副刊发表《中国人，你为什么不生气》一文，在这篇文章中，龙应台逐一例举她回台一年所看到的社会乱象，质疑这个社会为什么不生气？

> 就因为你不生气、你忍耐、你退让，所以摊贩把你的家搞得像个破落大杂院，所以台北的交通一切乌烟瘴气，所以淡水河是条烂肠子；就是因为你不讲话、不骂人、不表示意见，所以你疼爱的娃娃每天吃着、喝着、呼吸着化学毒素，你还在梦想他大学毕业的那一天：你忘了，几年

前在南部有许多孕妇，怀胎九月中，她们也闭着眼梦想孩子长大的那一天。却没想到吃了滴滴纯净的色拉油，孩子生下来是瞎的、黑的！

这篇文章是《野火集》的第一篇，其后龙应台以她敏锐的观察、犀利的文笔，以及在那个尚未解严的年代中被视为“离经叛道”的观点，陆续发表了《生了梅毒的母亲》、《幼儿园大学》、《不会“闹事”的一代》、《对立又如何？》、《台湾是谁的家？》等文章，在短短一年中，迅即引起各方热烈反应——用龙应台的话来说，“习惯甜食的人觉得《野火集》难以下咽；对糖衣厌烦的人却觉得它重重的苦味清新振奋”，当时国民党文宣、政战单位几近“抓狂”；在高压戒严下无处倾诉苦闷的小市民、大学生和知识分子则对龙应台的“滋事”姿势大表认同，四处散发这些被执政者认为“有问题”的文章。

1985 年 12 月，《野火集》出版了，不到一个月再刷 24 次，不到半年就超过 50 刷，卖出十多万本，这样的热卖现象，在 20 世纪 80 年代中期，大约只有反抗国民党的党外杂志可堪比拟——但又不同，《野火集》平躺在大书店的入口平台，标志着“畅销书”、“狂卖”、“推荐阅读”的光彩，在读者的口碑相传中，烧出熊熊的火光，龙应台因此成为中产阶级和知识分子要求改革的代言人；党外杂志则是在警总不断的查禁、搜索和几近“抄家”的抑压之下，以“禁书”、“违反政策”的“污名”而同样在读者的口碑相传中热卖，直到 1989 年 4 月 7 日郑南榕为了坚持“百分之百的言论自由”而自焚为止。

龙应台的社会批判和“党外”杂志的政治批判是两条不同的路线。一个在体制内发声，要求从人民生活看得到的地方改革起；一个在体制外发声并且采取行动，要求国家机器和体制的改变。两者都是 20 世纪 80 年代的台湾社会和人民所需，没有必要比较其中高下。龙应台实际上已经注意并对当时台湾的思想自由和民主问题有所质疑，遗憾的是，她的发声平台是在岛内仍受思想掌控的媒体上，这使她主张思想自由、要求民主政治的文章难于发表，《野火集》中对于台湾当时集权统治的现象之所以未发一语，是因为这样的政治场域限制，而非龙应台不为。

事实上，龙应台写了《欧威尔的台湾？》，以欧威尔在《一九八四年》小说中虚拟但实际存在的“老大哥”集权统治暗示台湾欠缺民主自由制，但这篇文章并未见报，到出书时才收入，可见当时媒体受到的压力。另一个例子是，《野火集》出书之后（也可能是之前），龙应台写了一篇《天罗地网》，以及其强烈的口气质疑：

> 啊，是谁在制造这么一个没有逗点没有留白没有空间没有思想自由紧得透不过气来密得挣脱不掉使眼睛耳朵头脑疲惫不堪天罗地网的环境？

这篇指向统治者制造“天罗地网”的文章，在我推估，应属

《野火集》写作时期作品，然而也未能见于她的专栏，直到次年(1986)5月，才由龙应台亲手交给我，于当时我主编的《自立晚报》副刊发表。《自立晚报》是当时比较能够说话的本土报纸，长期要求向当局要求民主、自由与人权，是国民党的眼中钉，《天罗地网》不在龙应台专栏，而在《自立晚报》副刊刊出，说明了体制内改革者也遭到“老大哥”监控的无奈。

尽管如此，《野火集》从专栏到出书，烧出的“龙应台现象”仍不可小觑。当时刚从德国回来不久的龙应台，面对国民党一党独大的专政统治，敢在国内大报批判社会、教育、环保问题，戳破脓包；敢说“厕所比伟人铜像重要”，“政府若失信于民，人民要有勇气兴讼”，戳破威权；敢在国民党强调“光复台湾”的“德政”之前要求“把台湾当成自己的家”，戳破神话……都替人民说出了放在心里而不敢说出的话。龙应台把这些话拿到体制中大声说出来，还“煽动”人民要敢于生气。她让高压锅盖下的社会有了一个出气的出口，让国民党无法使用对付“党外”打压禁绝的惯常手段压制人民的声音，并且对“党外”体制外改革仍难影响到的中产阶级产生意识形态的扭转。这就是龙应台现象的意义所在，也是《野火集》对20世纪八九十年代台湾社会的影响所在。

从1985年到2005年，转眼20年过去，这20年来，台湾的社会转变快速，言论自由、人权保障已经如同阳光、空气——龙应台20年前大声疾呼的议题，看起来都已被解决。20年前，龙应台笔下污臭的淡水河、四处可见的工业废水污染、环保问题、交通问题，乃至于伟人铜像、口号、题字……都已经被这个社会以共识和整体的努力予以改善了。生气、大声抗议、游行、反对政府、批评当权者，乃至对台湾的定位与前途应独应统、对于自身身分认同是台湾人或中国人，都成为公共领域可以讨论、辩难的议题，尽管往往不欢而散，但至少问题被摊开来，被讨论，也被“生气”了——龙应台 20 年前的野火，已经不“野”了。

但问题还是存在。龙应台 20 年前质疑的、生气的、看到或未看到的问题，仍然在 20 年后继续以同样的或不同样的形貌继续存在、持续发生。1985 年 10 月 26 日（光复节次日），她在专栏中以《啊！光复节！》为题预言：

> 40 年后的台湾，有想走而走不掉的人，有可以走而不走的人，也有一心一意在这儿今生今世的人；不管哪一种，只要他把这里当“家”——心甘情愿也罢，迫不得已也罢——只要他把这里当“家”，这个地方就会受到关爱、耕耘、培养。怕的是，过了 40 年仍旧不把这儿当家，这个家才会破落。信心不信心。在此而已。

龙应台 20 年前触及的，用今天的话来说，就是台湾认同的课题。走与不走，留与不留，心甘情愿与迫不得已，如果我们都能把台湾当成自己的家，则蓝绿、统独、台湾人中国人的争执，就会只是我们自家的家务事，不容外人干涉、不劳他人置喙——一个新时代已经展开，新时代台湾人的议题正在浮现，只要认同台湾这块土地，认同民主自由与人权的最高价值，借用龙应台的语气来说：

> 不管他是哪里来的人，不管他要去哪里，只要他把台湾当“家”，只要他把在台湾与他共同生活的人当“人”，只要他把自由、民主与人权的价值当“价值”，台湾就能成为人人安居的所在，而不假外求。

20年可以很长，也可以很短。20年前龙应台烧起的野火，曾经让暗黑的台湾社会看到脱离集权统治的出口；20年后，台湾社会已经走过黑暗，走到出口，却发现前路分歧，因而彷徨四顾、不知左右何之？当此之际，龙应台的《野火集》重版在印，一方面让我们得以重新检视一起走过来的年代，鉴历史之镜，一方面更有让此时此地的我们冷静省思，如何摆脱族群和政治意识形态阴影，无分血缘、地缘，而以坚持民主自由与人权为共同价值的迫切性与必要性。

不能熄火

台湾中山大学外文系教授　余光中

20年前《野火集》初版问世，干草烈风，很快就成为燎原之势，火势之大不仅烧热了文化界，甚至也薰出了广大的市井小民，一时议论纷纷，掌声压倒了嘘声。不久我去台北演讲，提到当代的女作家，曾以“龙卷风”来形容《野火集》的年轻作者。

“龙卷风”的风势，20年来虽然偶有间歇，却未中断，而在她卸下台北市“文化局长”一职之后，又倒卷回来，风力仍然可惊，风圈似乎更大，几乎凡华文所及，都风起云涌，风吹草低。

“黑火烧不尽，春风吹又生。”这本书畅销至今，足见台湾的社会与中华的文化里，有一些东西是顽固到永远也烧不尽的。尽管如此，只要风势仍强，野火仍旺，我们的陋规恶习，文化底层的怯懦与自私，就不可能像莠草那么漫山遍野，肆无忌惮。

应台是才学并高的性情中人，一生的作为其实都取决于自己的真性情。当年她从美国学成回台，在中央大学任教，并发表小说评论，似乎要成为学院派的批评家。幸好那些杂文并未铺张成引文成串附注成排的“学术论文”；而自《中国人，你为什么不生气》刊出之后，她显然就从文学批评转向了社会批评。尽管“天还未亮”，解严还得等待三年，她英勇的笔锋所指，已经是文化意识、社会陋习的种种患处，所以激起了有心人普遍的共鸣。

在五四之后七十多年，龙应台竟然还得像梁启超那样披上启蒙先锋的战袍，用直接而有力的杂文，“笔锋常带情感”，来揭示我们社会的病情。那笔锋，介于胡适的理性与鲁迅的感性之间，但都能把握对事而不对人的原则。

在《生气，没有用吗？》一文中，应台曾痛贬台北“是我所见最缺乏气质、最丑陋、最杂乱的都市”。当时她恐怕全未想到，15 年后这丑陋的都市竟会请痛骂它的人来变化气质。她竟然肯跟马英九回台北来做首任的文化局长，大家都很担心，担心如此的文化英雄，怎能像骆驼一样穿过市议会的针孔。果然上任不到 10 天，尚未进入会期，她竟已尝到了一位女议员的警告，有一次对朋友说着，忽然大哭起来。朋友们都担心，龙卷风真抗得住夜长梦多吗？

不料风势能伸也能缩，三年下来，飓风竟然变成了化雨。

无论对文化遗产、耆宿故居等等的维护或利用，或是文艺活动的安排与倡导，应台都全力以赴，做得有声有色，真正提升了台北市的文化气质，而使马英九的团队成了一头醒目的龙马。台北市文化局举办或辅导的文艺活动，凡我参加的，都可以见证局长不但从容主持，而且无论用中文或英文致词，都言之有物，流畅且有文采。

不过人在官场，当然无暇执笔，而且不容畅言。苦练三年之后，龙卷风终于恢复了自由，言路更宽，讲台更大，听众更多，风势更劲。她把讲台搬去了香港，更为整个中文世界所注目、所聆听。在统独之上，中西之间，风声不绝。至于毁誉，她似乎都不在意，因为有风过处，树林总不免飒飒而鸣。

第三度成功

作家　余秋雨

20 年前,当《野火集》刚刚问世的时候,风靡和抵拒同时产生,而且两方面都很强烈。这是它的第一度成功,证明它所发出的社会评论,确实深深地搅动了社会的精神层面。

照理,一个作品能够取得这样的成功已经很不容易,因为这蓬“野火”蓦然照出了社会人心的诸多弊病,即便人们躲开了它的光亮,也会在黑暗中留下记忆。但是,谁知这蓬“野火”不仅没有被躲开,而且随着社会的发展成了世间的自然光亮,它所表述的观念,那些当初既惊醒了很多人又激怒了很多人的观念,在 20 年间已在台湾社会渐渐普及,人们对它既不惊讶也不愤怒了。它完成了自己的历史使命,这是它的第二度成功。

然而，这还不是它的终点。

近年来，虽然《野火集》的观念已经大体普及，但是行为实践与这些观念仍然有很大距离，而社会上的新问题更加层出不穷。所有的问题，又都牵涉到知识分子对社会精神文化素质的引领作用。

目前对社会精神文化素质起引领作用的显然是媒体。媒体是一种权力，而任何权力都可能演变成暴力。这在威权专制的情况下是如此，在言论自由的情况下也是如此，只不过方向不同罢了。我们已经一次次清晰地看到，各种传媒间天天都有大量的文化人在发言，但当传媒的至高目标是发行量和收视率时，这就不能不与世俗民众构成一种互为资源、互相塑造的不良关系，这种关系所形成的加速运动，几乎任何力量都难于抵挡。它每时每刻拼凑着浅薄的道义、随意的证据、失控的情绪、颠倒的轻重，鼓动起一次次规模庞大的视听灾难，又开启着一轮轮更焦渴的耳目欲望。在这种情况下，我们该向谁求助呢？求助于民众的自我禁忌？求助于媒体的良知复苏？还是求助于政府的疏导劝告？显然都不可能，也不合适。想来想去，只能企盼着高层文化人振聋发聩的声音让世间一惊，就像当年《野火集》问世时的情景。

这种想念，这种企盼，是《野火集》的第三度成功。

这种想念，这种企盼，已超越《野火集》的具体内容，而是指向着知识分子的文化责任，以及本于这种责任的破门而出，破门而出以后的准确判断，准确判断以后的慧言利词。让人们听到一些钓耳的声音,然后从媒体的壅塞中抬起头来,静一静,想一想。

这种想念,这种企盼,还针对着当前越来越密集的社会话语中的文化缺失。环视四周,媒体间的“济世方略”很多,互相之间的辩论也很激烈,主要是政治话语,其次是经济话语,然后是大大小小的社会生活话语,却很少有人从集体文化心理结构上来探讨目前遇到的问题。而事实上,这种深层的集体文化心理结构,才是密穴所在,关键所在。这真如我在《借我一生》中反复讲述的,大陆的“文革”看似政治运动,看似破坏了文化,其实恰恰是文化的产物。因此,从政治上解析“文革”是浅层解析,从文化上解析“文革”才是深层解析。《野火集》在 20 年前就从集体文化心理结构上解析了中国人的毛病,而这样的解析在今天的媒体间已成了空谷足音。

《野火集》在台湾出版 20 年,在祖国大陆,则是 17 年,晚了三年。从当时两岸文化交流的情况看,算是快的。对祖国大陆而言,已经在台湾普及的《野火集》的观念,有不少还有待于普及,而近年来传媒暴力的泛滥、文化话语的贫乏,则是叠加了变形的威权和变形的自由这两方面的背景,情形更加乖戾。对此,我本人已深有体验,还多次与龙应台交流过这种体验。所以,对于上述的想念和企盼,自然更加殷切。

龙应台是我的朋友。不知什么原因,我们总是在古城西安一次次不期而遇,每次又都会遇到另一个朋友贾平凹。她曾透过电视镜头,对于在祖国大陆遭受诬陷和诽谤的我进行及时的声援和慰问。后来，她的言论又遭到大陆某些“批判家”的讨伐，言词之凶残，已远远超出我的遭受，我却不知如何安慰她了。前些年，她担任台北市文化局长，我到她的办公室拜访，看到她为提高台北市的文化品位做了大量建设、保存、推广的工作，受到市民的广泛拥戴。这表明，真正的文化批评家也应该是一个优秀的文化建设者，批评和建设本来就是同一件事的两面。看了她的文化建设成果，人们也就更能读懂20年前的那本《野火集》了。

20年，在中国传统的习惯中称作一代。一本书在20年后还能成为社会的热门话题，那就证明，这书足可称得上“一代文笔”了。

谨此祝贺，我的朋友！

野火不尽

台湾师大美术系教授　何怀硕

《野火集》出版至今 20 年了。

这 20 年中，世界大变，海峡两岸大变，社会与人生也快速变得令人措手不及。

龙应台写《中国人，你为什么不生气》——“野火”的第一篇时，是 1984 年底。当时她写台湾是“1 800 万懦弱自私的中国人”。而现在，朝野都说是 2 300 万台湾同胞。不过，现在多年没有人口统计，大概日渐少于 2 300 万。许多台商去祖国大陆，连带家眷与许多定居祖国大陆的人，数目不详，常听说的数字不是十万八万，而是百万以上，而且移民去各国的，人数有增无减。加上台湾新生儿人幅减少，再加上几乎每两个半小时就有一人自杀，前几天，一天竟有 14 人；总之，台湾人口50年前自几百万到台湾钱淹脚目时增加到四五倍,最近若干年已逐渐减少。其间因素之复杂,问题层面之多,若深入研究,真能以一斑窥全豹。龙应台如果现在写该文,大概不好用“中国人,你为什么不生气”这样的标题。因为现在连这块土地上的居民是什么“人”都没有一个不引起争议的“全称”。

龙应台《野火集》所批评的种种,20年来,有少数问题已因社会演进而得到改善;有更多问题不但未见改善,且更加变本加厉;更有许多20年前不可想像的新问题,层出不穷爆发出来。

关怀社会,忧国忧民,为生民请命,为民族求生存,且不说清末以来谭嗣同、梁启超、孙文、鲁迅、储安平……那些遥远的历史人物,台湾近几十年以来就有胡适、雷震、殷海光……他们都是已逝世的、耳熟能详的顶尖人物。活着的尚有极多同样抱负的知识分子在不同的时期发表了无数说论。但是历史发展迂回曲折,社会的进程也踉踉跄跄。有些地方进步了,有些地方却倒退;有些老问题终于消失,却有更多更严重的新危机浮现出来。读储安平半个多世纪之前的政论与社会批评,你会感到仍适用于今日。于是有人因无力感而缄默,有人因消极而退隐,也有人觉悟识时务为俊杰,靠拢权势。这20年来可看到社会的沧桑之变,也可看到许多“秀异分子”或封笔隐遁,或变脸成新贵。

令人沮丧的是社会批判似乎只造成有良知的知识分子不断的牺牲与消耗,于民族社会的进步毫无益处。法治、社会公平与正义、大众的觉醒似乎很难真正在“华人社会”实现。当前，台湾虽然获得形式上的民主，但距离实质的民主尚远。现在，当台湾与祖国大陆是否同为中国人，两岸人民是否(应否？能否？)有一个未来共同的美好愿景的争议尚未平息，更未取得共识的此时；当台湾的民主，只重视可以夺取权力的“选举”，不惜抛弃民主的其他珍贵价值，而选举则以族群的撕裂为手段，引致混乱、内耗、空转，社会力急遽下坠，前途岌岌可危的此时，台湾所面对的是比《野火集》所批判的更大、更严重的痛苦与危机。龙应台20年前必亦不会想到时局的变迁诡谲若此。

不过，尽管历史的进程确实迂回曲折，充满荒谬与吊诡，美好的愿景的实现，永远有一波三折，我还是相信，凡努力必埋下善因。正如我们现在阅读鲁迅、储安平的社会批评，《野火集》在未来，一样是一面镜子，让所有的中国人悲悯、警惕、反省。

龙应台1983年以34岁的“归台学人”到“中央大学”当客座副教授。一般说“学成归台”，多半只是某专业拿了个学位。她离台才8年，确实在西方文化与社会中深受洗礼，对中西文化有深入的体验与理解。在台湾的人，生活成习惯，大不如龙应台目光锐利，见人所不见，言人所未言。她的社会批评与前人不同。她是文学家，又是思想家，她要用文学的笔来挑起社会启蒙思想家的责任。从生活、社会到文化，入手之细，格局之大，感情之炽热，析理之有力，态度之恳切，文字之魅力，雄辩之滔滔，所谓振聋发聩，不是夸饰之词。她的聪慧敏锐令人赞赏。

在褊狭、保守、封闭、自卑、自大、麻木、自私、丑陋等病的批判之外，现在更有社会道德的堕落（槟榔西施、大学毕业色情表演为“作品”、各种诈骗……），而意识形态的势不两立，更是台湾社会未来光明或黑暗的关键。龙应台，这位出产自台湾的社会与文化批评家，是台湾的光荣；不止于台湾社会，而且是华人社会，必对她寄予更多的期待。

龙应台的启示

作家　林　达

我和龙应台同年。当龙应台在海外旅居十年，回到台湾，一边当教授，一边一篇篇地写她的《野火集》时，大陆“文革”结束，大学恢复招生。我在遗漏了中学、失学十余年后，终于有机会上完大学。20 世纪 80 年代的中国大陆比台湾更封闭，当时我的状态，恰好处于应该受龙应台启蒙的位置。多年以后我移居美国。在美国生活了十几年之后，再回看中国，又有了类似龙应台当初从国外回台时的体验。所以很巧，我有如此两头的感受。

龙应台从小生活在台湾，留洋一程将近十年，初次回去定居，她变得“容易生气”。这让我想起自己的经历。在离开大陆两年多以后，回去了一次。两年多的时间很短，可是，一切以前感觉理所当然的事情，出乎意外地变得难以接受。我非常惊讶：中国还是原来的样子，我怎么了？我后来明白，两个不同源头的文明，若选择在一个小人物身上冲撞，发生的事情，就可能叫作悲剧。但是，龙应台在把它化为一种积极的力量。

这个世界很大。资讯的开放，使得和国际接轨变得容易。逐渐知己知彼，就会自然作出调整，面对外部世界，不再感到紧张。这是很关键的一步。曾经有过的过度自卑和自尊，是源于对世界的陌生。因此我相信，当年龙应台让人感觉惊讶的一些话题，已经在今天的台湾成为常识常情。可是，我也相信，龙应台话题背后、她在传达的那一个世界，人们仍然需要了解。这就是龙应台始终不会过时的原因之一。

今天台湾的民主政治制度和现代社会规范，其实是移植于异文化。这样的制度在它的原生地，也经历千年磨炼、经历社会文化和政治制度的不断互动，是一个与历史俱进的漫长过程。这种制度在中华文化圈的移植是“一朝落地”，难以马上生根。因此，需要像龙应台这样，有强健胃口能够消化异文化、又土生土长熟悉本土文化的人，担当一个过渡桥梁。

我们常常看到，像民主这样的概念，会成为非常奇怪的东西。虽然那是大家耳熟能详、张口就来的名词，在讨论中频频地运用，可是，这并不是说，大家在讲的就一定是同一回事。在民主和民主、自由和自由、政党和政党之间，可能存在很大的认知差异。所以，在争论的时候，有时就是鸡讲鸡的，鸭讲鸭的，似乎在使用同样的语言和名词，实际上讲的却不是一回事。

先是概念就来自外来文化。当它引入中华文化、用“汉字”来表达时，这些“字”携带着它本来已有的灵魂，又输入一些外来的血液，以一个新的面貌，开始自我表述。然后，在我们脑子里形成固定印象，形成新一轮的概念。它们和原来的本意，可能并不完全相同。就如同现代政治的政党概念，进入中华文化，常常会出现一种同生共死、忠诚不二的组织压迫感，而在它的原生地，却是轻松自如、随意切换的个人观点选择，而它的基础，又是文化上价值的个人取向。那种散漫和疏离，和中华文化中传统的家族、小团体的紧密联系，完全不同。而那些离散的个人，又由于西方文化中宗教的影响、结合从市民走向公民的传统，形成了具有公民责任、公民权利、公德心、自我反省、自我约束的社会细胞结构。如此走向一个法治的自由社会，乍看上去，一盘散沙各行其是，实际上却是有章有法。这是民主制度的基础。

上世纪80年代，在世界范围内，大部分残存的集权制度，已经穷途末路。一个学者，要有能力理解和指出集权制度的不合理，已经不需要很高的智能。可是，要预警制度变更之后，社会适应的难点，却并不容易。在一个集权社会，推出一个反对党似乎是重要的。可是，在民主社会诞生的一刻，社会面临的难题马上就截然不同。人们会发现，反对党的生存不再需要呼吁，相反，可能是突然冒出的一百个政党面对如何共存而束手无策。新的政治家们、包括学者们本人在内，也立即面临一个学习过程。如何塑造自己在一个民主社会中作为普通公民的平常心，平衡自己的公民权利和责任；如何拒斥权力诱惑，在一个公民社会平等地生活，每一个从集权社会脱胎出来的人，可能都必须经历一段时间之后，才能够渐渐学会。然而，唯不同观点的平等交流成为社会常态，不同政党才可能摆脱你死我活的争斗文化，成为各种民意正常表达的渠道。民众唯有成为一个个具有良好素质、独立意识的个体公民，才不会轻易被政治家调动，成为他们手中任意操纵的工具。

《野火集》的出版在当时的台湾引起震动。那是社会质变的前夜，是多年郁结在有待解开的时刻。台湾民主化以后，人们回想龙应台带来的旋风，更清楚地看到，那些社会批判，其实是推动制度变革的一个动力。这也使得一些人读到《野火集》，常常理所当然地，就把龙应台单纯解读为将一把野火烧向专制的斗士。龙应台出现的时机是一种优势，也是一个容易被误解的指针。龙应台的批判性成为令人印象深刻的显象，人们也因此可能忽略隐隐在下支撑它的基础。

龙应台在一个尚未"解禁"的集权制度下，不仅是如其他知识分子所做的，直接抨击集权制度，而更多地是把批评直指社会的非公民化、即公民社会特质的缺失，直指包括每一个个人的公民意识之淡薄。她批评台湾教育的核心，是指出教育没有在为公民社会作出准备。龙应台的眼光在当时是超前的。龙应台根据自己对世界和台湾的了解，或许预见到当时台湾集权制度的瓦解，并不是那么艰难和遥远。可是，龙应台一定知道，在它瓦解之后，一个移植的制度，会立即面对公民社会的单薄基础，面临根系深入的障碍。龙应台不是简单地冲击集权政府，促使它的解构，而是提前让民众理解，民主不仅是一个政治制度，它也是一种生活方式。固守中华文化圈传统社会的许多旧观念，并不利于这个制度的存活和生长。这个方向的批判，其实需要更大的智能和勇气。

在集权社会的末期，站在民众的立场，把矛头直指专制政府，虽然被政府所不容，可是你的身后自有万千民众的支撑。龙应台从一开始就放弃有利地势，选择站在一个孤立的位置。不仅批评政府，更多地是尖锐刺向每一个人的内心：你有没有为一个民主的公民社会做好准备，你自己是不是一个合格的公民？假如不是，先改变你自己。面对中华文化圈，龙应台不避讳她的思想资源的异文化源头；面对民众，她紧追不舍地指出每一个人的弱点和未尽的公民责任：

"几流的人民就有几流的政府，就有几流的社会、几流的环境"，至今读来令人惊心动魄。

这样的尖锐不仅是在检验龙应台的勇气，更是在检验当时大多数台湾民众的水平，能否消化一剂重药，激发出自省的能力。20年飞快地就过去了。那个旧日台湾，已经成为遥远的故事。可是，《野火集》内涵的前瞻性，一些和特殊时代背景相连的政治批判已经过时，《野火集》依然生气勃勃。它不仅是一个历史记录，还是仍在燃烧中的野火。因为，龙应台的预见，在今天的台湾变为现实。

而龙应台的尖锐并不走向居高临下。除了个人素质,也是在一个平等社会中,长期地接受潜移默化的结果。你感受到平等,她也是和你一样的一个公民。这种分寸感对一个传播火种的知识分子,常常很难拿捏。从中华文化圈里出来,很多人能够做到文字优美、内容正确、逻辑严密,可是,也许是我们习惯了这一文化中“士”的特殊位置,即使理解平等的意义,对自己的定位定调往往还是会“开低走高”。作社会批判时,会忘记自己也是社会的一员。批判的烈度越大,自我的位置就不断上升,不能持之以恒地维护和读者对话的平等。因为在这个文化中,历来缺少平等的概念。对于我们,自己的“低调”应是理智的产物,而不是本能的反应。

相比20年前,中华文化圈里的知识分子,都有了更大的舞台来表现自己。可是,要留下不但能够震撼当时,更能让人长久回味、影响深远的文字,就不仅需要扎实的文字功底、思想的力度,还需要许多其他的东西。龙应台在给我们启示。阅读龙应台,我常常想到,刺破平静水面的锐利冰峰,它也许只露出一角,可是,你总是可以在这水面之下,找到沉沉稳稳的一座山。

期待新加坡的龙应台?

新加坡南洋理工大学助理教授　柯思仁

龙应台点起的野火在台湾烧成燎原之势的那年,1985年,我是一个在台湾留学了两年的新加坡人。

当我在1983年离开家里的时候,和台湾并列亚洲四小龙的新加坡,经过20年的生养建设,经济繁荣,社会稳定,法纪彰显,治安良好。当年才18岁的我,生长在这样的环境中,享受着种种丰腴的物质条件,甚至是在新加坡政府为吸纳人才加入公务系统的公费制度之下到台湾留学;就像在后独立时代成长的绝大多数的新加坡人一样,我并没有意识到,我所得到的与我所应该而没有得到的之间,究竟有什么差距。

来到台湾,我在台大文学院的教室里由教授们引导畅游古代经典与现代文学的世界;我读张大春的小说与蒋勳的诗,看侯孝贤与杨德昌的电影，听罗大佑与苏芮的歌；我从创刊号开始阅读与收藏《联合文学》；我奔波于林怀民的舞蹈与赖声川的剧场之间；我忙碌于听演讲、办刊物、参与社团、筹备演出。就像任何一个台湾大学生一样。享受着丰富活跃的文化生活，对于我的台湾同学来说可能是理所当然，可是，如果我没有来到台湾，这一切自本土生成的文化经验，甚至在想像中也不会出现。

1986年的某一天，我开始翻阅刚买的《野火集》，龙应台煽动的文字与尖锐的针砭深深触动了我，可是，我没有太多震惊与意外。两年来所吸收的各种文化养料，却都开始展现出潜藏的深层意涵。我突然了解，为什么台湾的文化环境这么精彩，为什么我会觉得从来没有过的充实愉悦，为什么我这时才开始有强烈的自觉与自省的经验。

我在台湾所接触的众多文化创造，事实上，内里都蕴涵类似《野火集》的知识分子的对于文化、土地、自我的省思与批判。台湾众多的作家、诗人、导演，把他们的深刻的省思与沉重的批判通过作品加以再现，往往内敛委婉。龙应台不同的地方，是她运用具有战斗性的文笔，直接宣战。

龙应台的震撼性出现，是在一个大时代，一个有文化厚度为基础、台湾自觉酝酿多年而即将爆发的时代。接下来，到我1987年6月离开台湾的一年多里，我看到“洛河展意”在台北火车站前的地下道演出被警察驱逐，看到“自由之爱”在台大校园的游行与静坐，看到“我的乡愁我的歌”在基隆文化中心首演唱出乡土的声音。龙应台一点都不孤独，她的震撼效果在于她的先声夺人。同一个时代的台湾，前前后后许多艺术家、文化人，以及普普通通的台湾人，都具有知识分子的素质。龙应台是大海中卷得特别高的浪头。

我回到新加坡，开始尝试从一个知识分子的角度，思考新加坡的现实。20年的生养建设，的确是使新加坡取得许多让本国人自豪，让外国人欣羡的成就，可是，在同样的20年里，追求这些目标的过程中，许多重要的素质也流失，或者无法累积，包括人文个性的培养被忽视，公民社会的发展被限制，文化意识的生成被压抑，个人主体的诉求被排挤。这也是为什么当龙应台在1994年把她10年前在台湾燃起的“野火”烧到新加坡，写了《还好我不是新加坡人》的时候，让她感到意外的是一面倒的“护国之声”，群起讨伐龙应台。

又过了10年，2004年，卸任台北市文化局局长的龙应台，应邀到新加坡南洋理工大学担任客座教授，一个月之间做了三场公开演讲，从文化与认同谈到传统的再生。今年5月，她又前来参与一个讨论“美术馆与社会”的论坛。四场演讲累计超过2 500人次。她对新加坡各种现实的批评仍然深刻，不过，她的战斗姿态却已经消失。当她提到新加坡的时候，她不断说：“‘我们’新加坡……”许多新加坡人静静地听龙应台的意见，也没有10年前的那种“义愤填膺”。然后，有人委婉地说：“龙应台毕竟是偶尔来访的客人……”(《联合早报》社论，2005年5月23日)

20 年过去了，龙应台的理想主义没有改变，她的姿态却是跟着整个台湾社会的翻天覆地后的情境而调整。好些新加坡人还是默默地倾听龙应台的批评，也期望看到新加坡的龙应台的出现。可是，如果没有那一波又一波前仆后继的浪头，又怎么能够期待出现龙应台这个特别高的浪头？

直言不讳与包容同等重要

——柏杨看“野火”龙应台

作家　柏　杨口述
记者　丁文玲记录

《野火集》是世界知道龙应台的开端。但是对我而言没有差别，我早就认识她了。这人在本质上有跟我相似的灵魂，只是她比较年轻，她相信中国人可以改变，我比较悲观。中国人有一种固执，硬得很，例如有史以来官员缺乏道歉的传统，也不知道惭愧，而平民老百姓们即使接受了某些事实，也不愿意做些什么，就算问题横摆在眼前，两年内铁定不会有变化，甚至30到50年还是维持原状，试问文字又能做什么呢？不过话说回来，文化要是容易改动，就不是真正的文化了，所以还是需要我们这种振笔疾书之人。

我和龙应台常被相提并论，但是我们除了年龄差异之外，背景也大不相同。我当过兵，当兵时是不能有个人意志的，我曾受过这样的训练，所以写作的角度也常在自身与群体间转换，比较起来，龙应台的思维就个人化得多，当然，除此之外，我们看事情的方法也大不相同，各有所长。虽说不免有倚老卖老之嫌，但是我还是要说，龙应台有许多想法与做法，都是柏杨年轻时会干的事，大概每个有志之士都要经过这一段吧！我晚年进入中庸之道，站在外面往里看，认定龙应台的轨迹如此。

若说起我与龙应台之间，有件事情虽我俩意见不尽相同，却不能不提，那就是2000年的“二二八”纪念馆续营风波。当时她与台湾和平基金会发生误会，两方都希望我出面调停，同为“外省人”，我虽然知道我说话不见得有力量，还是打了通电话给她。现在事过境迁，我要替她说句公道话，事实上，当时被外界质疑少年正盛、不接受异议的龙应台，是很积极想要了解与解决问题的。她一听到我的声音，就立刻说，您越说我越糊涂，不如我到您家吃饭，听您说清楚。龙应台就是这样直接率真的人，不多久后大剌剌跑到我家来吃饭，解释完她因应此事的做法后，还问我：“您说我这样够不够聪明?”我记得当时我也依自己的想法，很坦白地对她说不够，还补了句，既然你已经问了，我就不能不说，免得你以为你自己真的聪明。有趣的是，她并没有生气。

我说这件事，是希望外界了解，文化的定义是浮动的，文化人最缺乏的就是包容和忍耐异己之心，身为一个文化人，直言不讳与包容同等重要，即使龙应台常受批评，但我认为她确实兼具以上两种特质。文化人往往不是太温和、太没有主见、太阿Q，就是听不下别人的意见，她既有自己的想法，又愿意听对方意见，或许媒体和与她意见冲突的人，应该多给她一点沟通的机会。

中国作家不值钱，猛写十年不富，一日不写便穷。文人提笔不是为财，多半为的只是一点理想，想对社会有功效成绩，但因为文章价值都是由读者或后人所捧出来的，抱着理想、不为名为利的写作者，因此特别需要得到读者的回馈与反应，我隐然感觉，龙应台应该也是这样，并非天性喜欢喧哗。

我写文章跟猪吃糠一样，是不得已，不写活不下去。天下不简单，人权两个字又进不了衙门，作家只能不停地写作，才可能期盼有渺小的机会参与或改变社会现况。我对作家的影响力有自知之明，不像龙应台，还年轻天真，还会抱怨“他们怎么不看看我的书”，对于为文可以经世治国的自信心过强了。

仔细观察，我和龙应台确实还是有很多相异之处的。我虽颠沛流离，但还是在中国土生土长，提笔是路见不平、拔刀相助的成分居多，龙应台则是受西方民主政治学问和思想刺激，反思中国问题。我们两人看到同样的弊端，可能会有不同的观察面向与建议解决之道。有人批评我，只要是骂中国，柏杨就高兴，骂得越凶，柏杨越开心，实际上并非如此。我写文章，是想让做错事却仍有反省力与良知的人，感受被杀头之痛，希望辛辣中还带有忠厚怜悯，龙应台应该也是如此，但她比较急。或许是因为我年纪较大，觉得和过去比起来，无论是民主或言论的自由，都见到了长足的进步，有种身在天堂的错觉与满足感，龙应台是恨铁不成钢，总还是希望中国有一天能比西方更强更好吧！

就像春秋战国百家争鸣，文明和民主都是你一句我一句骂出来的。我一直深信人性，诸恶多半是社会的结构或机制出了问题，而不是哪个人要与善或好的人事物相互敌对，人类是可以沟通、理解、说服的对象，作家如我和龙应台，就是生来要担任这种针砭的角色，治疗这个社会。

三月的杜鹃

台湾大学戏剧系副教授　纪蔚然

倘若今天有人使尽吃奶的气力、动员全身不平则鸣的分子写作一篇篇短文，内容充塞剑拔弩张的字眼——“中国人，你为什么不生气”、“我觉得恶心，觉得愤怒”、“是谁在作贱我们的子女”、“我们这些市井小民不懂得自己的权利”——尔后且集结成册，名之“野火集”，我只能挪借散文家琦君的名言，说此人八成是三月间台大校园的杜鹃，疯了。

20 年过后，龙应台于 1980 年代控诉的情境很多未获改善，我们的城市照样丑陋不堪，我们的教育列车持续驶向断崖，我们的交通依旧是色盲的横冲直撞，但有一层面已彻底质变：台湾人，你太容易生气了。现在没人敢说台湾人民不懂得为自己争权利，我们只要受到委屈就按铃申告或在摄影机前哀天哭地，一旦被人倒债就冥纸鸡蛋伺候，更猛的还会泼油漆、掐脖颈或开瓦斯自杀攻击。台湾人的怒气早已凝聚成千斤顶万吨锤，要是大伙齐聚发功，那威力足可击沉人人口中的宝岛十数次。谁说台湾没有核子武器？

台湾人真的很会生气，致使下梁不正上梁歪，即连最应沉着、最不该当众动怒的"总统"先生也有样学样。"总统"不怒则不威，但他大可于私底下跳脚踩扁帽或在政敌的照片上倒西红柿汁，就是不该在电视上化身为终结者——Ah Bian, the Terminator——把嘴巴当乌兹扫射全台，搞得仇人盟友无一幸免，政客平民纷纷中弹。非但如此，"总统"还实践魔鬼阿诺"I'll be back"的箴言，他真的回来主动续摊，并夹带着手榴弹与轰天雷，二度开炮，把野火烧成漫天烽火。有这样的访谈节目，谁还需要看动作片？那两天，我坐在沙发看着屏幕上的阿扁，先是瞠目结舌，继而视线渐转模糊，只恍惚觉得画面里有一朵正在燃烧随时会内爆的杜鹃。

台湾人，息怒吧。

20年前龙应台要沉默的大众勇敢地站出来说话，20年后的今天，我倒企盼大家少讲几句。沉默的民众早已变成饶舌的乌鸦，老是在那聒聒聒聒。一位艺人的死亡竟衍生出数以万计的疯言疯语，朋友与记者叽哩呱啦，熟识的与不识的呜哇呜哇，甚至连曾于海边偶遇他的路人也有话要说。与死者攀上关系真能使我们无聊的日子增添点生气吗？众声喧扰，好不热闹，但从幕启到幕落，人们却无法从这出人间悲剧感受到洗涤或升华的丝毫可能。

台湾人，你话太多了。

并非针对每件事你我都得有真知灼见，毋须理会诸如“没有意见哪算是现代公民”的挑衅，我们要可怜这些忧国忧民之士，他们的生活除了政治以外其他一片空白。也并非一有想法就得公诸于世，野人献 poop(屎)一番，何不将反射性、已受制约的念头潜藏于心，不时修正，给它机会沉淀？我们绝对有保持缄默的权利。若某人因车祸躺在病床，他大可不必甫动完手术便向记者交代当时如何触目惊心，事后又多么情何以堪云云，但令人费解的是，受访者往往选择说话，即便是吃力地掀动着半麻醉的双唇，他也执意娓娓道来：“阿就，车子就突然翻了，我就跟着翻了，然后就昏了。”说完，他又昏了。

好吧，若说有人不讲话会闷死，我只能拜托：来点新鲜的。语言窒碍思考，废话连篇导致脑袋一锅子焦油。大部分时候，政治名嘴尚未开讲，我们已经猜到他们要说什么，因为这批人除了意识形态与个人恩怨以外，少有另类见解；更多时候，娱乐名人尚未启口，我们已经知道他们只会插科打诨，要弄白痴连字游戏。还有，对那些觉得此生没上过电视便枉走一回的“市井小民”，我只能奉劝：不要把嘴巴当作语言绞碎机来用。既然上了镜头，烦请把握良机认真表现，想说就好好说，从丹田出声、从内心发话，别“大舌又爱提”，一径支支吾吾，哼阿耶啦是吧对啊……

写着写着火气不请自来，台湾人果真易怒。宝岛的气候原本四季分明，如今时序倒错，天天都是淡啊淡的三月天，杜鹃花开在山坡上。

我们可以飞越杜鹃窝吗？至少，20 年前《野火集》的作者认为可以，否则她不会写那些文章，否则她不会错估自己拥有批判的距离，拥有归公知识分子的制高点。如今，距离是我们不可能享有的奢侈。大家同在一个窝里，唯有自欺欺人的蒙混时刻，才有人胆敢胡言自己是“恶水上的大桥”。台湾已成一座危桥，我们就是恶水。

切莫问我答案在哪，我只知，它在疯中飘扬。

期待"新火"相传

台湾清华大学教授　马以工

唐朝时，中国的文化到达空前的高峰，是当时是世界上最强盛的国家。我们对唐文化的了解有限，尤其是唐朝的节日。

唐人很重视的节日是寒食，设定在冬至后的一百零五日，大约在清明节前一日。这天全长安城的炉灶内都不能有火，人们吃冷粥及冷饼，等到第二天一早，由大明宫内传出薪火，到家家户户的灶内。

这是一个充满了象征意义的节日，而且非常严厉地执行，寒食日仍起火者，要处以死刑的。

为何薪火相传得到如此的重视？

《野火集》出版 20 年了，这确实是不算太短的一段日子，尤其是这 20 年来台湾社会的巨大变化，只能用人事全非令人百感交集来形容。当时，报禁尚未解除，三大张的报纸副刊占有一整版。记得有《野火集》刊出当天的报纸，可以多卖好几万份，学生也会将副刊贴在布告板上，或影印传阅讨论。现在的一大叠报纸中，副刊的重要性相对减小，学生们对在手机或网络上传“无厘头”简讯的兴趣，远大于传阅好的文章。

20 年前也没有现今社会的分裂现象，虽然挑战威权一贯地是会受到拥有威权者的打压，但社会的公平正义未因文字内容的立场，甚而作者被归类的颜色而扭曲，由当时参与催生者与作者现今的立场已不尽相同，可见一斑。

当异议分子下狱时，是他们人生新里程的开始。当异议分子被迫流放时，离开了自己的土地形同缴械。也许龙应台当时有其私人因素，属于自愿离开，其后文笔可能更成熟，理想与视野可能更远大，社会的反应绝对不会与《野火集》等同。

20 年后的今天，我们仍需要对现今问题，能一针见血地指出与批判者。我们更需要的是，对社会因分裂而扭曲的思路能先予导正的大块文章。这种文章在现今媒体政治性谈话节目充斥，导致社会更分裂更扭曲的大环境中，想要脱颖而出，引起广泛的注意与反省，更是难上加难。

20 年后，我们最盼望与期待的是“新”的火苗，能突然从社会某一个角落窜出。一把可以让我们净化、可以让我们重生的“新火”，在每一时代每一个社会，其实无时无刻都会发生。

龙应台如何在香港放火？

——从“潜龙勿用”到“见龙在田”

香港城市大学中国文化中心助理主任　马家辉

《野火集》于 1986 年中便登陆了香港。出版社是无线电视机构属下的出版企业“博益”。

香港版《野火集》有两项特色：

首先，它仍然维持香港坊间流行的口袋书尺寸大小，但页数是出奇地厚，置放于书店的书架上，跟其他惯于单薄也乐于单薄的口袋书并排而立，显得特别抢眼突出。其次，尽管它不是谈情也不是八卦，销路却是出奇地好，出版不久便卖了超过 1 万册，这对畅销量 2 000 册即可荣登畅销书排行榜的香港市场来说，绝对是一笔不容忽视的出版奇迹。

正如在台湾，《野火集》在香港知识界亦引起了广泛的讨论，不少文化人在报纸专栏上、饭局耳语里热切争辩“野火现象”的来龙去脉，可是，讨论焦点终究倾向“在地化”，主要是把香港和台湾的景况略作比较，从而思考“为什么香港没有像龙应台这类笔锋犀利的批判作家?”、“香港是否需要龙应台这类笔锋犀利的批判作家?”、“即使香港有了龙应台，她能在这个对政治时事普遍冷漠的社会发挥多大作用?”之类议题。20世纪80年代中期的香港正处于所谓“回归过渡期”，本土精英对于这个城市的身份认同问题发生了前所未有的关怀兴趣，“隔岸观火”并借台湾的一把野火替香港的热水加温，不无适时适地的现实意义。

或许本土精英没料到的是，20年后，因缘际会，“纵火者”龙应台直接跑来了香港放火，从隔岸观火变成“纵火焚城”。

龙应台于2003年中从台湾移居香港，先在城市大学任教，后转到香港大学，依据我的就近观察，这700多个日子大致可以划分为两个阶段：

前12个月是“潜龙勿用”，龙应台除了应付基本的教学工作，主要精力在于睁大眼睛和张闻耳朵去观察、去了解、去聆听，她把知识触觉投入这个后殖民城市的多元角落，积极结交不同阶层和领域的朋友（或潜在敌人），急迫地向他们探问有关香港的轮廓和细节。来港之初，她说过一句“我抱着留学的心情而来”，在这意义上，龙应台绝对是个用功的好学生。

后12个月是“见龙在田”，犹如一位在海底沉潜久了的健泳者，龙应台终于在海面仰脸露颈，吁一口气，发力前游，写专栏、上讲台、策划论坛、主持沙龙，处处针对香港的现实境况发言，在各种形式的公共空间和知识平台煽风点火。

其实根据龙应台在台湾、上海和新加坡的“纵火业绩”，若说她会在香港安静沉默地度过两年，谁都不会相信。但令人稍感意外的是，龙应台采取了一种很“实在”的态度来对待香港，每回发言谈论这个城市，她都不会只在抽象理念或宏观回顾上打转，当然更不会像大部分外来学者一样，客客气气地说些“香港不是文化沙漠，香港人很有文明法治，香港的云吞和饮茶也很好吃”之类敷衍套话；相反，她几乎每篇文章都是针对香港某组独特而重要的公共议题提出批判或建言，龙应台谈涉及数百亿新台币预算的西九龙文娱艺术区发展方向、龙应台谈古迹保护与主流价值、龙应台谈国际化的危机与陷阱、龙应台谈英语水平的低落与前景、龙应台谈香港侨生的特色和位置……龙应台敏锐地关注到香港人的许多关注，却没忽略香港人的许多忽略，连珠炮发，不知道是贪玩抑或认真，她仿佛在香港的城墙上铭写了大大的“老娘到此一游”六字，字体之深刻令谁都无法假装看不见。

总体言之，龙应台在诸篇文章和诸场演讲里，无不或隐或显地展现出“龙应台式四段论”以拆解香港：首先，她会抓紧焦点，开宗明义指出想谈的是什么议题；然后，她会指出，香港人对这议题的讨论欠缺了什么面向和层次；接着，她又提出，如果这议题发生在台湾或西方，大概会有什么不一样的发展和结局；最后，她会试图告诉香港人，可以做些什么、应该做些什么、可惜无法做些什么。以她在香港大学的“香港，你往哪里去?”为例，于讨论“中环价值垄断了香港价值”和个中现象如何局限了香港的文化发展之后，她直接告诉香港人：

> 如果我不是决策官员而是个小市民，那么我会用尽力气发起公民反抗运动，串连所有的非政府组织——环保团体、消费团体、小学家长会、被虐妇女保护协会、劳工权益促进会、文史工作室、青年义工……包括国际组织：我会结合所有大学的历史系、建筑系、城乡研究、都市计划、景观系所以及教育学院将来要为人师者的学生和教授们，与政府进行长期的抗争。我会静坐、示威、游行。我会不间断地投书给本地和国际的媒体，我会向联合国教科文组织求援，向国会议员申诉；我会寻找律师探讨控告政府的可能。最后，告诉你我最后会做什么：我会用选票把不懂得尊重文化、轻视自己历史的政府选下去，换政府……

对于龙应台在香港所点燃的野火，许多人拍掌喝彩，赞叹于她的敏锐与锋利，以及感动于能够近距离体验 20 年前的《野火集》光芒，但亦当然有人基于不同的理由和立场予以挑战，例如有评论文章明责“龙应台之流”应该认识“在中国蜕变过程中，中国人和英殖民地主义者的合作和斗争才是香港历史”、“不要沉迷于拒中情意结，像台湾那样钻进根基不稳的本土文化死胡同之中”；有专业公关在专栏方块里暗讽“中环价值其实不是负面，反是香港成功的因素，台湾应该学习”；有政府高官在饭局茶聚里抱怨“龙应台根本不了解香港，所以被有利益冲突的本地文化人蒙蔽误导”……各式议论在江湖流传，像影子一样，紧贴于龙应台身后。

2005年7月以后，龙应台将返回台湾重执教鞭，即使再来香港，亦可能只会短居、不会久留；可是，她所点燃的野火必将仍在这个城市蔓延好一阵子，至于会否烧掉一些应被烧掉的杂草，那可要看天时地利之因缘造化。谁知道呢？正如谁知道龙应台自己在20年前的《野火集》序言里说过一则错误的预言——

> 写了《野火集》的代价大概是：这一辈子不会有人请我“学而优则仕”出来作官了。

一把野火烧出一片天

佛光人文社会学院文学所教授　马　森

时光流水般地逝去，一晃眼间《野火集》已经20岁了！如果是一个小孩子，已到了举行成年礼的时候，算是已经长大成人。我有幸曾亲眼目睹他的诞生，又亲眼看他渐渐长大，成为影响当代社会发展的一个举足轻重的人物，心中实在感到无限的欣慰。

诞生在1984年的《野火集》(《野火集》专栏于1984年开始，成书在1985年)是偶然，也是必然。

顺着记忆的线索，应该先从我认识龙应台说起。1983年秋，我应刚成立的艺术学院之邀，从伦敦大学请假一年返台担任客座教授。翌年，趁居台之便，一口气出版了四本小说:《北京的故事》(时报版)、《海鸥》(尔雅版)、《生活在瓶中》(尔雅新版)和《夜游》(尔雅版)。就在这一年,也是刚从海外回来的龙应台在《新书月刊》上发表了一篇批评《夜游》的文章,接着又发表了批评我另一本小说集《孤绝》的文章,这两篇后来收入《龙应台评小说》的评论成为我们结识的媒介。由于我们都刚从海外回来,有一些共同的感受与共同的话题,当然也由于龙应台是一个非常热情、观察细腻、思想又十分开放的人,很对我的脾气,言谈之间容易产生契合的愉悦,因此很快地我们就成为相熟的朋友了。

在高信疆担任"中国时报"副刊主编的时期,曾邀我为也是由他主编的《时报周刊》写过一个"爱梦屯随笔"的专栏,爱梦屯是我对加拿大 Edmonton 市的音译,时在 1977 年我在加国阿尔白塔大学任教的时候,从此以后与"《中国时报》"的编者有了来往。1982 年金恒炜继高信疆之后主编"中国时报"副刊,继续邀我为《人间副刊》开了《东西看》和《述古道今》两个专栏,都是每星期见报一次。从 1982 年一直写到 1984 年,也有些累了,很想停笔休息。就在这时候,龙应台出现在我的眼前。由于她的小说评论显示出她思路的清晰,文笔的洗炼与辛辣兼而有之,是我心目中写专栏的上乘人选,因此我特意邀应台与恒炜便饭,介绍他们认识。恒炜为人积极,也是个很能赏识人才的主编,一见之下即说妥了为《人间副刊》开辟专栏的事,于是《野火集》就这么诞生了。《野火集》的第一篇文章见报后,就是我的那篇《下台一鞠躬》在《人间副刊》刊出的最后一篇专栏。

我说是偶然，因为这件事来自那时候我偶然的一个念头；我说也是必然，则是因为像应台这样的才华，迟早会被人发现的，没有“《中国时报》”的《野火集》，也会有其他报刊的《野火集》或《××集》。

《野火集》诞生之后，适逢政治上从专政过渡到民主，文化上脱离封闭走向开放的历史转折时期，果然立刻烧红了台湾的半边天！台湾报纸上的专栏何其多，但真正发生影响的则寥寥无几。酱缸文化（借用柏杨先生的用语）为时过久，撼动不易。我在为《人间副刊》写专栏的那两年，也曾有过向腐朽势力敲击的经验，不想竟然遭遇到恐吓和围剿。后来应台的《野火集》则遭受到更多与更恐怖的威胁，恐吓、围剿之外，甚至有激烈的读者到她门前来撒冥纸。《野火集》虽然招致保守势力如此的厌恶与反感，但确是给台湾的社会丢下一颗响亮的震撼弹，动摇了一些腐朽的、蛀蚀的原来还以为足以擎天的梁柱，更重要的是为广大群众的那些自以为是的乡愿思想进行了一次痛快的洗涤。

《野火集》使龙应台在台湾成为家喻户晓的人物，也因此成就了她源源不绝的理性而犀利的篇章，渐渐赢得广大读者的喜爱，以致使她的那把野火从台湾延烧到香港，从香港又延烧到大陆，而终于有今日我们所见的足跨海峡三岸的一个社会的良心、酱缸文化的谏诤者——龙应台！

2005年4月20日

非线时代的线性记忆

中天电视执行副总经理　陈　浩

提了笔才想起来,20 年前有过这样的画面:在某个场合里跟“有关单位”起了争执,我坚持她这人“单纯得可以”,那位则沉着脸说“她很危险”,谁也没说服谁。

那个年头他们无所不在,处处都在,记忆的墙壁上少不了他们的爪痕。

1970 年代的后半在台北过的大学生活,中坜事件,中国台湾和美国“断交”,选举中断,美丽岛事件,现在看来像是 21 世纪的台湾的序曲,对当时年轻的心却是澎湃的政治启蒙。

罗斯福路的台大大学门口常有精彩的政治演说,有一排违章建筑的矮簷下的书摊,下大雨时挤不下两行人通过,就在雨天邂逅谔谔的李庆荣,谈着他写的“莫把反共当遮羞布”的文章，没两天就听闻他被逮捕。激情与余悸，滋味难辨的岁月，谁又不是单纯得可以，哪知道危险在哪里呢？

但那距离龙应台在人间副刊发表野火集里的文章，被有关单位钉上，也已有十年之遥。十年之间的故事已经有太多，入狱的，判刑的，灭门与坠楼，代夫出征，查禁杂志……那年采访受刑人家属选举新闻，靠近政见台边，经常就被后方掷来拳头大的钞票卷打到头，当时“小额政治捐献”都是这样。有一天回到报馆，平时活泼充满议论的编辑部，突然鸦雀无声，一片超低气压，任谁都紧绷着脸，偷偷问才知道，当晚警备总部要来视察“大陆资料室”。这种镜头也永难忘记。

再过了几年，肃杀之气稍减，报馆的言论气氛仍然沉闷，但窗外的党外运动已有了势头，我猜那两年该是有关单位员额最膨胀的时候，台湾社会松动得厉害，他们想压又不知如何动手，只好多找人看着。化身成师长亲友同学同事，随时从角落里窥视，有时现身探问，有时龇牙咧嘴，分不清喜怒。那两年最常遇见他们，偶尔周旋也像应酬。却常惦记着当年下山师父教的“心法”：耐着性子跟他们讲道理，说话要慢，想好了再说。

那次说话时，“野火”还没结集，见过一次龙应台，觉得她文章和人都透着天真，还有那种超强的女生的正义感。对我们这些半公开的为党外杂志写稿，日子过得挺忐忑的人，龙应台没有一点政治性。读她的文章，浑然天成，痛快淋漓，但总觉得是第二前线的冲撞，哪有什么“那位先生”讲的危险？因为打心底不怎么服气，说话的口气就快了些，那位先生就变了脸色，没有了笑容："老弟啊，告诉你，她的文章很有煽动性！"

那可是第一次跟他们不欢而散，我也只是耸耸肩，想，鞋子舒不舒服，只有脚知道。

那段回忆丢开了就是20年。后来从1980年代的后半走到1990年代的整15年，台湾的民主政治发展路径像是某种线性的(linear)想像，一步一脚印，一个格子一个格子的开放，像是蛮合理的因因果果，尤其到了2000年的那场大选，像是某种线性发展的必然结论。旧时代成了光影碎屑，而有关单位们也像是《骇客任务完结篇》里速速缩化消失的钢乌贼，变成远处的小黑点点。

然后就留下我们在21世纪新的政治非线性(non-linear)年代里，玩儿字谜游戏，蓝色的字一堆，绿色的字一堆，用拼贴出来的字样猜想民主新乐园的格局。当年言论阵线里的脸谱，猪羊变色，才没几年就追上了时尚界的新标语：新态度就是新衣着。没赶上高速车流的就在"自疗失语症"的路标指引下，下了交流道。

龙应台倒是没一丝恍惚，力气还是很大，为整一代人理着思绪。从20年前的那一天以后，我就再也没敢再把她放在第二前线看，我多少还是从言论检查者的眼神得到了启发，他们缺席的年头，并不那么轻易被遗忘，看到邻居墙壁上深深浅浅的爪痕，自然就能想像夜半刺耳难忍的折磨人的声音，我们都听过的。

（本篇略有删节）

现在，龙应台正“舍末逐本”

——她借孙文的话问道：中国有四千年文明，为何无一地如香港者？

联合报顾问　张作锦

20年前，龙应台问：“中国人你为什么不生气?”后来大家生气了，把一个受批评的政权换了，人们能放心大胆的讲话了，很多有形和无形的束缚都解脱了，政治人物在街头和议会更是“生气”蓬勃。

但是，那似乎并不完全是龙应台所企盼的社会。自然环境的破坏愈来愈严重，药物和食品仍然在假冒伪劣，妇女、儿童和老人的生活仍然得不到安全，教育从一个铐链换上另一个铐链，很多人的行事准则还是靠权力而不是靠真理……台湾，似乎依旧是龙应台“生梅毒的母亲”。

20年前，龙应台踩着台湾的土地，吃台湾米，喝台湾水，眼里、心里都是台湾，看着生活在台湾的人不争气，自利，自我，她忍不住斥责："你是谁？你凭什么就做'沉默的大众'，等这少数人努力了，甚至牺牲了，你再去享受他们的成果？"

因为追求明显而立即的效果，那时龙应台的话不免说得直一些，严一些，也显得急吼吼一些。那把"野火"若是烧得人不痛，大家就没有感觉嘛！

以后去了德国，看了欧洲，旅行了世界很多地方，亲历世局诸般巨大变化，龙应台观照的范围更大了一些，思考的层次更深了一些。她借用香山少年孙文 19 世纪末年在香港提出的问题："香山、香港相距仅 50 英里，何以如此不同？外人能在七八十年间在一荒岛上成此伟绩，中国以 4 000 年之文明，乃无一地如香港者，其故安在？"

此刻的 2005 年，龙应台正在香港，这个纠缠中国知识分子几百年的问题，她也同样在思索。我们看得出，她正在"舍末逐本"，想从纷陈的众议中爬梳出一个能使国家文明的主轴。她的结论，也许就是"文化"吧！

"文化"很难简单说明，很难定义，但是清明的政治靠它，健康的社会靠它，和谐的人际关系靠它，科技的进步发展也靠它，现在更有人提出"文化是明日的经济"。

为了印证自己的主张，龙应台曾卷起袖子下海，到她不讳言"我所看过最丑陋的城市"台北市当了三年文化局长，希望把台北打造成一个有人文内涵的都会。也许她对自己的笔更有信心，辞了官，回复作家的身分，也回复她的写作生涯。她把文化作生命的墨汁，喷洒向在港澳台地区的中国人，在大陆的中国人，和在海外各地的中国人。若是多数人能认同和响应她的观点，那就是中国人集体的自省，是一次波澜壮阔的“维新运动”。

不是龙应台独有这种“雄心壮志”，这是任何一个有责任感的知识分子都必然要走的归程。屈原与昏庸腐朽的政治对立，坚持改革和进步的要求。“长太息以掩涕兮，哀民生之多艰。”把百姓幸福置于自己痛苦之上。虽然打击来了，但“亦余心之所善兮，虽九死其犹未悔。”九死其犹未悔，哪有不受折磨的屈原啊？

那年龙应台离台赴港，去阳明山与她话别。时值盛夏，蝉鸣满山。“听，这蝉叫得多放肆！”她说。第一次听到有人用“放肆”形容蝉鸣。这话是揄扬，是斥贬，或只是妙手偶得的写实？

蝉是一定要叫的。叫，是它生命能量的发皇，也是它的责任。

要叫，那就叫得“放肆”点吧！

海外，留一星火种

马来西亚大将出版社社长　傅承得

有一些东西，从20年前烧到今天；从台湾烧到马、新等东南亚华人社会。自《野火集》后，我陆续阅读龙应台的著作；许多马来西亚受华文教育的知识分子也是。20年过去，像我这样的读者已步入中年。然而，余烬未熄，火头还在。龙应台的火气，仿佛还在。20年过去。一定有一些东西还在她心中；一定有一些东西，留在读者心中。一些，时空无法阻隔或扑灭的东西。

我见过龙应台几次。她来马来西亚演讲，挤爆了容纳千人的礼堂，还有几百名观众在户外看闭路电视。每次，她都成了"媒体的宠儿"，成了慕名者瞻仰的偶像，而我主持过她的演讲。2001年，她在台北市文化局局长任内，办了华文世界出版论坛，我应邀参加。她笑着迎迓，像多年的老朋友。然而，我对她的印象，仍旧留在20年前，那个放火的人。

当台湾人感觉习以为常，当少数人有心无力，当更多人视若无睹，龙应台以犀利的思路和文笔，以“文化评论者”身份，无畏无惧，揭露和鞭笞她“看不过眼”的人、事和物。像刀那么冷，她的目光；像火那么热，她的文字；像星星那么明亮。那时，海外华文读者注意她，因为她创造了议题，也因为台湾社会难得有这么一位敢怒敢言的“文化明星”。对她，可能有所敬畏；但是，台湾和海外华人社会，毕竟遥远。知道遥远的对岸有这么一个人，放了一把火。这把火，毕竟不会烧到这里来。稍有跟进留意的，从国际新闻版上，还知道她后来应马英九之邀，戴上一顶不大不小的乌纱帽，还“闹了一些事”。然后是她又来马来西亚演讲。上回她骂了新加坡人吔！去看看她这回要骂谁了。

这场龙卷风，横扫台湾，惊醒的人还不少罢！吹过马、新，看热闹的人来看她、专访她和议论她。那把火，仍然不痛不痒。可是，龙应台从来就不是“看”的，是“读”的，是“思考”的。只有回到她的文字里，才有她的血肉和脉动，才有她的光芒和热度。把她的文字作为，留在心里，心里才可能酝酿另一阵龙卷风。马来西亚华人社会，从某些角度看相当长进，另一方面又显现了自私自利、事不关己，其至麻木和阴暗的华人个性。赤道线上，天气那么燠闷，那阵龙卷风还未吹起。

马来西亚没有龙应台吗？也不见得。陈亚才和潘永强，都是亮丽的名字。他们曾留学台湾，懂得什么叫“知识分子的责任”，懂得有所为有所不为的坚持，懂得“自反而缩，虽千万人吾往矣”的勇气。然而，这里只有太听话的华文媒体，只有太爱看热闹的华社群众。苟活之后是苟安，苟安之后是一切都苟且。谁要龙应台？那个放火几乎烧伤每一个人的龙应台？

沉默，是知识分子最大的罪恶。高希均说。

从事批评和维持批判的立场，是知识分子生命的重大面向。萨依德（E. W. Said）说。看来，除了陈、潘等几位，马来西亚（甚至新加坡）华人社会，真的欠缺知识分子。因而，20年来，我常思念龙应台。

也常，在心中留一星火种。

检验龙应台

——关于《野火集》二十年

《中时晚报》总主笔　杨　渡

现在回想起来,《野火集》是在美丽岛事件之后的闷局下,燃烧起来的。那时党外杂志已经如火如荼在地下发行。只要你是熟客,重庆南路、台大附近都可以找到已查禁的党外杂志、禁书,和刚刚被翻印出来的上世纪三四十年代的文学作品。

相较于党外杂志的辛辣内容,龙应台的文章,其实没有比党外杂志更勇猛,内容没有更直接。但它是一个可以在报纸发表的文章。这就是龙应台与我们的不同。

她选择了一个角度,一个射击手的目标。既可以让读者感受到她进步的一面,但又不直接让当政者觉得充满敌意,而加以摧毁。

党外杂志是对体制的全面否定，从骨子里就反国民党。而龙应台是从社会现象出发，构成批判的内容不一定是针对威权体制，有时是社会、文化，所以相对也较间接。这其实不是她所独有，而是那年代所有自由主义知识分子的共同特色。他们出之以文化学术的包装，为的就是打破威权体制，呼唤一种改革的气氛。因为美丽岛事件之后，台湾社会太沉闷了。但龙应台和老式的自由派知识分子不同之处是，她文笔好，批判直接利落，笔下常有激情，具煽动力。这是她最受瞩目的原因，也是文化管制当局不满的地方。

当时党外杂志已经开了批判的、反威权的出口，地下出版刊物连《宋家王朝》都大卖特卖，所以，龙应台的文章还是在当局可容忍的范围之内。只是她的影响力和党外杂志不同。她影响了一大群平时不看党外杂志的中产阶级、小市民、年轻知识分子，从而让他们有初步的自由主义思想，走上了反威权体制的路。

从这角度看，龙应台是知道如何媚俗的。她懂得在威权的禁忌与被容许的极限之间，寻找到那微妙的平衡点。一条既有几分危险的高度，但又不至于掉落而亡的地带。她走在其间，赢得最大掌声。

龙应台并不是彻底的批判者。她未曾直指国民党、威权体制、文字控制、蒋家等，而是指批判某些个别单位，如文工会、警总、地方政府、官僚、政客等。但她就是不会直接批这个总体的体制。

这便是她聪明的地方。她既可能被查禁，因为文笔火辣，又让人找不到查禁的理由。因为她所谈的，都是民主政治的常识。她走在边缘上，巧妙的闪躲了政治的火炮。

迄今为止，龙应台仍是这个不彻底的批判者。她说两岸和平，却回避军购问题。她从未在本土问题与台独法西斯问题上表态。虽然在德国生活多年的她，明知台湾在选举中的种族主义与法西斯气氛，是多么接近纳粹当年的德国。虽然，她应该比谁都清楚，本土化的目的，不是反对国际化，而是去中国化。但她选择了以国际化来闪避本土化与去中国化的矛盾。

龙应台有勇敢的一面，有媚俗的一面，也有她智慧的闪光。

但可以指出的是：20年前那个可以闪闪躲躲，以模糊的自由派姿态来缓和矛盾的时代，已经过去了。现在是一个两极化的时代。不是龙应台想不想，而是当政者就是如此思考。他们认为，你不是同志，就是敌人，不是台独，就是统派。

龙应台无可闪躲的是，她的血统就是不正确的，外省籍。这一点，往往让她无意中自卑起来。这不是龙应台所独有，而是我的许多外省籍朋友常有的原罪。他们未被批判压倒，却被民进党所塑造的原罪气氛，从内心里压扁了。而龙应台，由于她的傲骨，还算是自我压抑最少的人了，却无法免除。我知道这么说，或许龙应台会不服气。

龙应台所无法回避的是:作为一个自由主义者,她如何在统独与两极化的气氛里,维持她独立自主的思考与人格完整。要知道,这在以前不是什么大不了的勇气。但在民进党执政后,我眼看着往日的自由派学者、知识界的朋友、当年学生运动的纯真热血,一一成为权力祭坛上的污血、血糕,献给了无品无格的政客,连一点知识原则都把守不住,就深深感到知识人是多么容易下沉。人性如此脆弱,我有一种看见时代悲剧的安静,如同见到历史的镜子,闪出冷静的回光。

我不知道龙应台有没有以前的勇气,用当年检验国民党的标准,一样地检查民进党。用一样的标准,进行批判。但我知道,这是检验龙应台最好的标准。看看她是不是一个符合她自己所要求的自由主义者。但这不仅仅于龙应台为然,于我也一样,时代会继续检验着我们的信念与品格,没有例外。

有一首歌唱道:“有些事情你不必问,有些人你永远不必等。”但龙应台还是值得等的人。我们等着,看她继续出招。

（本篇略有删节）

自由精神与文明标准

——给龙应台的一封信

《新新闻》周刊副社长　杨　照

龙应台：

我手边有一本 1987 年 2 月出版的《野火集外集》，将近 20 年的老书了，这本厚厚超过 300 页的书，你应该记得，除了最前头五十几页是你写的文章，其他都是别人对《野火集》的回应。

这些回应，有来自热情、崇拜的读者，不过却也有很多表达了对你不以为然的严厉批评。最惊人的是书中第二辑，收了好多篇当年刊登在《青年日报》上的文章。《青年日报》是军方的宣传媒体，《青年日报》的文章，代表了当时保守体制对你的“定调”。

那调子是，时而轻蔑、时而肃杀。光看题目就可以感觉得出来，《丑陋的推销术》、《“火把”与“火灾”》、《“野”论“野”调可休矣！》、《踩熄这一点“野火”》、《“二毛子”的心态》、《不能再“放野火”了！》、《被割断的喉咙》……

我翻开手头这本旧书，不期然地发现年轻时候的自己在上面红笔潦草写的眉批。也许算不上眉批，比较接近是阅读中无可克抑的发泄吧！都集中在《青年日报》的那几篇文章，都只有短短几个字，抄了给你看看、给你笑笑。

“什么？”“可笑！”“无知！”“荒谬！”“更荒谬了！”“God！God！”“Again！”“无言以对”“Damn！”“哈！”“Oh！Oh！My Lord！”“唉！”“你到底在侮辱谁？”……

看到这些我本来不记得写过的感言，我忆起了“野火现象”延烧时，曾经如此急于选择和你站在同一边，不，毋宁是选择坚决和你的敌人站在对反立场的情绪。

我因而赫然理解了，当年“野火现象”藏着的力量来源。龙应台，当年的你，在一点上，很像美国民权运动时的马丁·路德·金博士——你们都擅长激发出对手最恶劣、最残暴、最粗糙的一面。

五六十年代，金博士学习圣雄甘地的精神，鼓吹和平不抵抗的运动。非暴力，但也不合作。金的主张，看似再和平不过，然而老实说，民权运动的进展，过程一点也不平和。

真正使得美国社会觉醒，正视黑人平等民权问题，其实是南方白人所暴露出的恶劣、残暴与粗糙。非暴力的运动能够有所进展，其实是靠挑衅激发了南方白人种族主义者的暴力行为。金博士刻意挑选最是恶名昭彰的白人警长，到他管辖的城镇进行示威抗议。抓狂的白人警察挥起棍棒打在手无寸铁、不抵抗不反击的黑人身上；狼狗凶残地攻击面目祥和、准备为正义而牺牲的黑人。这样的画面，透过报纸和新兴的电视传出去，震骇了一般美国人，尽管都是白人，他们不可能愿意跟这种南方警长成为同类；甚至，正因为他们是白人，他们更要努力与如此暴力无人性的南方警长划清界限。

你的方式、你的策略，当然不同于金博士，但显然有一种效果却是相同的。“野火”引来了体制对你的反扑，“野火”与既有保守体制，在那个台湾的关键年代，对峙成两个旗帜再鲜明不过的阵营。你和体制的对决如此醒目，逼着社会上每个人自问：“那我要站哪一边？我该站哪一边？”

为了对付你，为了要消灭你，正如那些《青年日报》的文章彰示的，体制举起了他们的棍棒，也放出了他们的狼狗。在那个决定性的瞬间，很多就算原来不见得同意你的人，都被体制的那副嘴脸惹毛了，他们，不，我们，心底变得再明白不过——不可能继续拥护这种无理而愚蠢的体制，不应该允许这种粗糙的轻蔑与肃杀，继续控制我们的生活。

“野火”烧起了体制的怒火，没想到发火了的“体制”，那种狰狞面目引来了群众更大的、不可抑遏的怒火。以火攻火，以正义之火攻非理愚蠢之火。

不见得全是《野火集》造成的，不过那个时代整个社会爆发出一股确确实实和“野火”同步同调的激烈情感——我们不应该再忍耐了！

“已经忍耐够久了，为什么还再忍耐呢？”这是《野火集》送出的核心讯息；“你怎么可能怯懦到这种地步，对明明不可忍耐的事，还继续忍耐？”这是你写《野火集》时，最厉害最有效的挑衅修辞策略。

的确，不能再忍耐了。我记得，就在《野火集外集》出版的同时，1987 年 2 月，我写了一篇关于“二二八”的小说，题目叫《烟花》，里面有一段是我自己外祖父遇害的真实过程。当兵时的放假日，躲在空无别人的军官寝室，边写边哭，小说最终结尾时，我让一个原本退缩、清静的学者，突然觉悟：“不能再这样怕下去了！”

小说结束在如此的觉悟上。那是我当时能想得到的，面对历史悲剧与威权体制，惟一的生路。写小说时，我并没有想到“野火”，然而今天回头一看，是的，“不能再这样怕下去了！”正是“野火”的训诫，正是那个时代风起云涌的集体热情。

多年以前，在别的场合，我曾刻意强调地说：龙应台最大的长处，就是“憨胆”。我猜你或许曾经对我的形容感到不豫吧？然而如果真的明了“憨胆”的内涵意义，你应该会释然吧！

“憨胆”的“憨”，是《论语》里孔子说“其智可及，其愚不可及”的古典本意。很多聪明人早就看穿了几十年威权体制的荒谬与粗劣，可是聪明人同时一并看穿了或自认看穿了威权体制的巨大与无所不在。聪明人还耳闻或旁观了过去曾经站出来批判体制、挑战体制的人，得到的是怎样的下场。聪明人只能得到一个答案：越坏的体制越恐怖、越打不倒，所以我们还是忍耐吧！

忍耐那没有自由，尤其是思想自由与价值自由的状况，勉强善用体制留下来的一点行动自由小小空间。聪明人相信：如果僭越去挑战思想与价值的自由，很可能连仅存的一点点行动自由都将失去，多么划不来！

"憨胆"的龙应台，没知道那么多，也没想那么多，大剌剌地就用一般人都听得懂的常识语言，揭穿了体制的虚伪。这种勇气需要别人没有的"憨"来支持，换句话说，只有当一个人不知其行为是勇敢的，当他没打算要当烈士，他才会表现出一股理直气壮来。正义的理直气壮。

是你的理直气壮，搞得体制手忙脚乱；也是你的理直气壮，弄得体制灰头土脸。理直气壮到把人家《青年日报》上围剿你的文章，大剌剌编成书，广为流传。

看着《野火集外集》，让我联想起一个美国新闻界、评论界的怪人，和一本 1928 年出版的书，怪人是孟肯（H. L. Mencken），怪书是一本全都是臭骂孟肯的文章合集。

孟肯爱骂人，而且笔锋刻薄犀利，骂人者人恒骂之，被骂不稀奇，稀奇的是这位老兄跟你龙应台一样，自己编了人家臭骂他的文章，然后强迫帮他出书的出版商，一定也要出这样一本骂他的书。

孟肯编那本书、出那本书的动机很怪——他要留下证据，证明这些“一般的”美国人多恨他多讨厌他，免得后世忘记了，还以为他跟同时代的美国人一样糟一样差。

孟肯骄傲到一定要跟自己的社会划清界线。你在出《野火集外集》时，是否也有一点点这种骄傲心情呢？

孟肯的骄傲，是有背景、有来历的。他活在世纪之交，美国城市快速膨胀，大批原散居农村里的人，聚挤到城市讨生活、找机会。城市生活还来不及让这群人摆脱过去狭窄生活塑造的单调价值，这些人反过来用他们的单调价值评断城市，进而改变城市。

孟肯在大城巴尔的摩(Baltimore)出生、长大，受的是强调欧洲文化的教育，最相信的是尼采的“超人哲学”，从事的又是必须不断接触、报道外在世界最新变化的新闻工作，这些条件使得他和那群新进城的人，特别格格不入。

在孟肯眼中，“一般的”美国人，是封闭、固执、盲信的乡巴佬。孟肯先是加入了《聪明组》(Smart Set)杂志，后来还找人合伙办了《美国水星》(American Mercury)。这两本杂志，和1914年创刊的《浮华世界》(Vanity Fair)、1935年创刊的《纽约客》(New Yorker)，都是所谓的“聪明杂志”(Smart Magazines)，摆明了就是要“乡巴佬”们学习“聪明”，看见城市、看见文化，看见外面广大而丰富的世界。

1928年，评论家威尔森(Edward Wilson)半开玩笑地说：“全美国一半以上的大学刊物，都努力让自己看起来像《美国水星》。”这说明了：“聪明杂志”就算没有真正让美国“乡巴佬”

们变聪明，至少成功塑立了一种文明标准，一种“聪明”的典范，想要炫耀自己“聪明”的大学生，自然而然就服膺《美国水星》所代表的风格与精神了。

孟肯不是个可爱的人。不，孟肯是个极度讨人厌的人。自大、傲慢，浑身散发着菁英主义的气息，甚至还带有让人受不了的种族歧视概念。然而，在那个美国历史上的特殊时点上，如此不可爱的人却建立了一项可爱的典范。用今天流行的语言说：孟肯和那些“聪明杂志”，让美国“与世界接轨”。美国从一个远离欧洲文明世界，落后、粗俗、自以为是的社会，转型成为20世纪文明的新中心。

孟肯和他所崇拜的尼采一样，终生寂寞。他要那样傲慢地跟自己的社会、美国的群众划清界线，怎么可能不寂寞？他支持纳粹和希特勒，美国左派当然不爱他；偏偏他又反宗教、最喜欢嘲弄清教徒，美国右派也不会爱他。他当然寂寞。

龙应台，你不是孟肯。你虽高傲却有着一张亲和的脸孔，还有诚恳的笑容。不过我想你会同意，你跟孟肯一样，在台湾关键年代，藉着那热烈如火的文字，强迫长期封闭的台湾，去面对两种东西——去面对更广大的“未知的世界”，还要面对广大世界逐步建立起的文明标准。

当年你的文章，藏不住对“封闭”的不满。顽固、刻板、不真实的口号、不变通的教育与管制，这些别人视之如风车般习惯的事物，你却清楚知觉他们是再可怕不过的敌人。而这些，正就是20年前台湾社会的“乡巴佬”个性。

不相信人之所以为人的根本价值、不懂得尊重个性，把每个人看成幼稚园学生来管，而在没人管的地方，缺乏文明自制力的人就把自己的生活搞成像野兽般失序不堪，这是20年前台湾“乡巴佬”个性的症结。

所以你号召自由、要求松绑，更重要的，宣扬尊严，个性的尊严。在那个时代，回头读《野火集》，我确认了，你提出的文明标准，正就是“自由精神”。

台湾向外开放必须补课的文明学习重点，正是自由，以及自由带来的自尊自重。打倒那无所不在，却一点也不文明的威权，还我们作为个人以个性呼吸的自由。

《野火集》里，文明标准与自由精神二而一、一而二，相加相乘汇聚庞大的号召力量，这应该可以部分解释你的风潮与浪滔吧？

20年前，20年后，台湾发生的最大变化，恐怕也就在“文明标准”与“自由精神”之间的关系吧！20年前，你可以用解放自由精神来塑造文明标准，想不到，我想不到、我猜你也想不到，20年后，人们却以自由为名，用自由来摧毁文明标准。

自由精神不再能带来文明标准，反而摧毁了台湾面向世界、“与世界接轨”时接受学习文明美好事物的机会。

我们看到的这个台湾社会，最棘手的问题在于它大剌剌地宣告：要用自由意志选择封闭、粗浅、庸俗与自以为是。它自由自在地拒绝了所有比较精致、复杂、高贵的东西。它只要做自己，不想理会外面的世界在干吗、要干吗。

从政治到社会到文化，我常觉得这个社会摆了一张脸孔，对这个世界说："我就不理你们，怎么样？"

选择做世界社群中的"乡巴佬"，并以此为荣，以此为自己选择的个性。

几年来，这种状况让我困惑，更让我感慨。威权打倒了，自由争到了，不过取而代之的，不是精致、复杂、高贵的文明标准，而是自发的、自满的粗浅、庸俗与封闭。

怎么办？20年后，你想出什么样的方法，可以再像20年前那般激发这个社会的热情，去爱去拥抱世界，去爱去拥抱精致、复杂、高贵的文明标准吗？

我讨厌孟肯，然而我却多么羡慕他们那个时代，羡慕那些办"聪明杂志"，坚决追求更精致、更复杂、更高贵文明标准的人。

一边读《野火集》、《野火集外集》，我一边期待，你和孟肯之间的相类似处，除了都编过出版过别人骂你们的文章外，还会有对于点燃一个社会"聪明"热情的共同贡献。

再点野火

世界宗教博物馆馆长　汉宝德

龙应台，在我心目中，原是一个毛头小伙子。

话说20世纪80年代，台湾尚未十分自由，经济也未曾起飞，年轻的知识分子心里都有一些闷气，但是除了三五好友在客厅里发发牢骚外，并没有发泄的管道。

当时尚年轻的“中国时报”，想突破这种低气压，找年轻的小伙子高信疆当“人间”主编。他打电话来要我写专栏。这本是发言的机会，然而在媒体上乱发议论，我没有心理准备，只有从文化观察的角度下笔，对台湾社会的一些现象提出质疑。在今天看来，那些文章已经很不带劲了，可是颇合当时报纸的胃口，所以受到鼓励，一写就写了好几年。老实说，我的文章，谈理太多，不但读者极少反应，连我自己都看腻了。所以“人间”换了几次主编，对我兴趣消失，我就乐得退却了。

配合时代的需要，“人间”欢迎有冲击力的作家。这时候我看到了“野火集”。以“人间”专栏的“前辈”身分来看，顿感龙应台的热力。我心里想，他们从哪里找到这样一个不知天高地厚的小伙子，胆敢这样振笔直书，触动台湾迟钝化的神经！真不简单。后来打听之下，才知道龙应台不是小伙子，是小妮子！

我就是龙应台所批评的那种“四平八稳、温柔敦厚”的“前辈”作家。我与她相同的，是没有做官的打算，所以并不在乎伤政府的心。只是我受传统的教育，批评却不愿意对人刻薄。我所不能说出的话，龙应台说了，我也感到痛快，不禁对这位勇敢的小妮子敬佩三分！

最使我感到兴趣的，是“野火集”中所烧的，大多与我所关怀的问题近似。龙应台以文学家的敏感所体察到的社会病态，与我自建筑家的立场所感受到的相差无几，只是我比起她来，更缺乏信心。表面上看起来，她的文字很锐利，言辞间火气十足，但在这样的文章背后，亦显示她不但对台湾社会怀有深厚的感情，而且表示她对台湾社会的未来怀有信心。她相信，通过她的文章可以激发社会的良知，形成改造的力量。使我们的未来，看到一个进步、合理而开明的社会。

读她的文章，使我感到惭愧。我写文章的心情太像一个无关痛痒的第三者了。我分析一些不合理的现象总是以文化的观点去解释，文化是传统，并不是说改就改得了的。因此我写文章数十年，写来写去，拿不出一个办法来。谈文化，把一切问题找出文化的源头，其结果就会谅解，而不再指责，也就不再生气了。因此也就彻底绝望了。

啊！我就是龙应台责骂的，不再生气的中国人！

坦白地说，我不相信龙应台的野火会烧得掉文化的积弊。但是毛头小伙子的怒火，会使我们反省，早一些检讨我们行为上的缺点。她的怒火只问行为是非，不问来源，不找解释，是标准的行动派。

在20年前，野火所烧的，是无能而专断的政府，才会引起无数郁闷的被统治者的共鸣。她所关心的问题全是社会性的，但是她举出的每一件荒谬的事例，无不归罪于怯懦的民众，颟顸的官员与荒唐的制度，一经认真追下去，全可以怪政府的无能。这是几千年来中国知识分子的心声，只是在绝对权力之下，敢怒而不敢言。龙应台勇敢地打破了这个禁忌，为知识分子追求的言论权立下汗马功劳。与传统的知识分子一样，她没有去挑战政权本身，只是关怀民间痛苦而已。也正因为如此，她才没有因文致祸。

今天的台湾已是民主社会，政府是民选出来的，再多问题也怪不了别人，再烧野火，恐怕也只能促生社会反省，已不能再引起20年前的共鸣了。而龙应台也自责骂政府，一度粉墨登场，当起官来。大家不免要看看，你骂别人，看你如何做官！她以行动派的作风当官，做得还真不赖，辞职时，人人都要留她。但是以她文笔所及的天地，文化的场域未免太小了，实在施展不开。她应该做更高的官，当一位市长也未尝不可。

希望恢复作家身分的龙应台，再点一把火，烧烧逐渐沦为民粹的台湾社会吧！

且赋招魂

——为《野火集》出版二十年而作

佛光人文社会学院文学所教授　龚鹏程

闻知《野火集》之出版已 20 年了,心头悚然一惊。清人词:"道是廿年弹指,竟风光全别。真不信寻常亭榭,也例逐沧桑棋劫。"这 20 年间,老了少年,换了朝代,台湾城市乡镇之面貌亦颇多变迁。而更重要的,是现在这个社会已跟旧时迥异,令人难以辨识。故抚今追昔,特具沧桑之感。

当年野火燎原,时在戒严末期。龙应台扬风纵火,从《中国人,你为什么不生气》到《台湾是谁的家》,烧的,不但是戒严体制下各种管制的办法和心态,更是每个人在具体生活中对自己的无能。

延续了五四运动以降的"国民性批判"之传统,结合着台湾的社会现实，龙应台针对中国人逆来顺受、得过且过、自扫门前雪、乖乖听话的态度，鼓舞大家不要做幼儿园大学生、机器人中学生，对自己周遭社会的不公不义不善，要勇于表达不满，并进而去改善它。淡水河臭了、观音山滥垦滥葬了、大家吃到假奶粉馊水油了、金融发生十信案了、环境有宝特瓶了，大家都不能只做沉默的大众。

如斯云云，在当时批判戒严而集矢于政治不民主的论调中，特显一种重视公民意识之倾向。简单说，就是“国家兴亡，匹夫有责”。台湾是谁的家？是每个人的。因此谁都不能对这个社会的脏乱漠不关心，满脑子只想去美国。

这类言论，把批判的矛头，由指责他人（国民党、政府、权势者，乃至任何其他人），转向每个人自己。说明：正是因为每个人在道德上的怯懦和未尽义务，才让罪恶遂行。宰制的政权和缺乏公民意识的民众，乃是共犯，合谋斫害了台湾。

这种反省精神，事实上正是台湾所缺的。透过反省，才能真正建立主体意识，让台湾和每一个住在这儿的人找到自我。龙应台当时大概这么想。

可惜野火烧不尽，春风吹又生。《野火集》固然畅销数百版，还衍生出原住民表演团体《野火集》、教改运动者的《教改野火集》等，电子版甚至更有正版、注册版、破解版，足见火势之旺。然火虽猛矣，燎原之后，野草依然长得处处都是。且因烧过的草灰变成了肥料，草，竟长得越发茂密了。

食品药品之造假、山林水土保持之破坏、金融体系之弊端、教育中之管制与缺乏创造性……岂止依然故我，抑且早已踵事增华，蔚为更严重之问题，远远超出吾人当年之想象。以改革旧体制为名而崛起的反对运动，愈趋壮大，甚至建立了新政权。但丢失了自我反省的精神以及实践的主体意识后，遂只能用别党不配合、别人不服从等来掩饰自己的无能；只会以变更名号图腾，来建立台湾的主体性，以致终于成为当年改革运动之异化。龙应台当年说：台湾是谁的家？是我们的家，所以我们要爱它、大家一同努力让这个家变好。现在的人则说：台湾是谁的家？先来界定界定吧！谁爱台湾？先来比赛谁有资格爱、谁喊得大声吧！

韦伯在《普选与民主在德国》一文结尾处曾说："民主化，意味着国家机器必然要夷平社会等级结构，这是无可改变之事。惟一可选择的是：或者公民大众在一个只有议会制外表的科层制威权国家中，既无自由也无权利，国家就像管理牛羊般对公民进行'行政管理'；或者是国家以使公民成为'共同统治者'的方式，把他们整合到国家中。"当年的龙应台曾想号召所有公民，成为自己的统治者，把台湾整合到公民中去。如今，台湾政治民主化的结果，则是台湾成功整合了一部分人，让他们成为工具；而把另一部份人视为雠敌。这一部分人则深感自己已无自由又无权利，只如牛羊般被行政管理，故或气沮、或愤懑、羞与为伍、或望望然而去，觉得台湾已不是我的家。

因此，原是为了提升台湾而写的战歌，现在看来倒像一则见证台湾衰乱的证词，历史在这儿开了个大玩笑。

也因此，重读《野火集》便仿佛招魂，想重新呼唤那久遭异化的公民意识与反省精神啊！

图书在版编目(CIP)数据

野火集/龙应台著. —上海:文汇出版社,2005.5
(龙应台作品系列)
ISBN 7-80676-724-X

Ⅰ.野... Ⅱ.龙... Ⅲ.散文-作品集-中国-当代 Ⅳ.I267

中国版本图书馆 CIP 数据核字(2005)第 036693 号

龙应台作品系列·1

野火集

作　　者 / 龙应台
责任编辑 / 萧关鸿　张　衍
装帧设计 / 周夏萍
出版发行 / 文匯出版社
　　　　　上海市威海路 755 号
　　　　　(邮政编码 200041)
经　　销 / 全国新华书店
印刷装订 / 上海浦东北联印刷厂
版　　次 / 2005 年 8 月第 1 版
印　　次 / 2006 年 6 月第 4 次印刷
开　　本 / 890×1240　1/32
字　　数 / 190 千
印　　张 / 9.5
印　　数 / 25101— 30 200

ISBN 7-80676-724-X/I·132
定　　价 / 25.00 元